マネジメント
あるある
1

壊れかけた営業現場を立て直せ！

素人営業部長による営業変革物語

NTTラーニングシステムズ株式会社
マネジメントコンサルティングチーム＝著

本書は『マネジメントあるある！　素人営業部長による6カ月の営業変革物語』を改題したものです。

この作品はフィクションであり、
実在する人物・地名・団体とは一切関係ありません。

はじめに
——変革が求められるすべての経営・組織のリーダー、フォロワーに

今、多くの組織においてこれまでにないビジネスや業務の進め方、仕組みづくりが求められている。しかし、そういった要求に対して迅速に応え、結果を創出できる組織はそれほど多くない。実際には、外部の環境変化を肌で感じながらも、会社として自ら何かを変えるという行動が起こせないケースがほとんどであると言ってもいいだろう。

市場における競争環境が変わり、これまで自社を支えてきたビジネスモデルや慣れ親しんだ仕事の仕方が通用しなくなった場合、それを新しいものに変えなければならないが、①どのように変えていくべきか仮説を立て、実践により検証していくことでそれを明確化しなければならない。さらに②として、①で明確化した新しい枠組みに対し、人や組織が主体的に適応できるよう働きかけていく必要がある。結果として、この①②、２つの要素を並行して実現していく試みが「変革」と呼ばれる。

では、どうすれば、職場に変革を起こせるのか？　本書は、営業現場で仕事をしたことがない主人公が、悪戦苦闘しながら営業変革を成し遂げる姿を描いた物語である。本書の内容は、皆さんの組織にも起こりうるだろう出来事だ。本書を読むことで、営業現場を変革していくことの難しさ、そしてより安全に変革を推進するためのポイントを学び取ってほしい。

2015年夏

NTTラーニングシステムズ 株式会社
マネジメントコンサルティングチーム

目次

本書の読み方

本書の背景と狙い

「変革」というと、「組織に新しい方向性を提示し、大きな業績を上げる取り組み」であると考える人が多い。確かに、企業変革の事例として一般的によく知られているケースには大抵「新しい方向性」があり、「大きな成果を上げた」事例が多く見られる。しかし事例というものは、成果が上がった取り組みを事後に調査し取りまとめたものなので、そこには変革が成就するまでの泥臭い営みなどは現れにくいものだ。

たとえば、変革事例と呼ばれる取り組みにかかわった人々は、果たして次のようなことを当初から考えていたのだろうか。

- そもそもそれが変革だと意識して取り組んだのだろうか?
- あるいは、「新しい方向性」は最初から明確に存在したのだろうか?
- 大きな業績は計画されたもので、順調に達成できたものなのだろうか?

●取り組みの中で、変革リーダーが果たす役割をどう捉えていたのだろうか？

実際、こういった考察をすることなく、一般論で「変革リーダー」を定義し、育成を試みても、それを成果につなげるのは難しいのではないかと思う。

「変革リーダーの育成」が急務であると考える企業が、これまで以上に増加する一方で、変革リーダー養成講座の中で扱われるテーマのほとんどが「優れたビジョンを創るスキル」や「現状に囚われない変革志向」といったものに偏っている。これが、本当に優れた変革リーダーとして最重要な能力なのだろうか。

本書では、身近にありそうな変革事例を取り上げ、変革とは何か、どうやって起こしていくものなのかといった観点を提示する。本書を読み進めていくうちに、変革に対するイメージを変えると同時に、具体的に何をすればよいのかといったタスクも見えてくるだろう。ぜひ、変革について一緒に考えていただきたい。

本書は全部で12話からなり、各話は物語本文、物語に挿入されている「世良メモ」、最後の「よくあるケースと対処方針」という3つの要素から構成されている。

「世良メモ」は、主人公・世良が、自分が抱える課題をどうやって解決したらいいのか、自分の考えを書き出したものだ。世良に限らず、読者の皆さんも、通勤中や就寝前に浮かんだアイデアを、手帳や携帯、スマートフォンのアプリにメモをした経験をお持ちだと思う。世良メモはそのようなものと捉えていただきたい。世良メモは、皆さんが世良の立場に立ったとしたらどのようなメモをつくるだろうか、そうイメージしながら読んでいただくとより効果的である。

「よくあるケースと対処方針」は、どのような組織でもありそうな「ビジネス現場でのあるある」症状とその対処に向けた考え方をまとめた。特に、経営幹部や組織の責任者など、変革にかかわるさまざまな立場にいるビジネスパーソンに向けたヒントとなるよう工夫した。

たとえば、変革を起こそうとすると、必ず「社員の無反応」や「総論賛成各論反対」といったリアクションが出てくるものであるが、そのようなときに、どう対処すべきかといった点を取り上げる。

また、適切な対処法だけでなく、陥りがちな誤った対処法も紹介した。自分の立場や自社の状況と照らし合わせ、変革の実践のための参考にしていただきたい。

世良メモ

物語の概要

本書の主人公の世良修三は、突然の人事異動によって顧客の最前線である首都圏開発営業部の部長に着任することになった。それから約3カ月、世良は営業の素人ならではの視点で営業部を見ることで、営業部の誰もが気づかなかった危機的状況に気づいた。ここから、世良の孤独な営業変革への旅が始まる。

拙いながらも自らの頭で考え、自ら汗を流して変化を起こそうとする世良に、いつしか共に歩もうとするフォロワーが1人、2人と手を貸し始める。しかし、世良が本気になればなるほど、周囲からの抵抗は強くなり、さまざまな問題が噴出する。これらの問題を、世良はどうやって解決するのか。

本書では、物語の中で世良が経験した、変革を推進する際の落とし穴や対応方針を具体的に示す。いずれも弊社コンサルタントが体験した実例をモチーフにしたもので、読者の皆さんの組織においてもよく見られる風景だと思われる。

この物語の舞台は次の通り。

会 社 名　　東洋テクノロジー株式会社（1965年創業）

業　　種　　機械・半導体商社業界
業務内容　機械、半導体・集積回路等の輸入販売、独自商品の設計・開発
従業員数　約500名
会社売上高　330億円
　内訳　首都圏法人営業部（首都圏の大手顧客担当）　200億円
　　首都圏開発営業部（首都圏の中堅顧客担当・新規顧客開拓担当）　50億円
　　地域営業部（首都圏以外の大口・中堅顧客担当、新規顧客開拓担当）　50億円
　　海外営業部（海外事業担当）　30億円
営業本部の組織構成
●首都圏法人営業部　部員100名
●首都圏開発営業部　部員30名
●地域営業部　部員50名
●海外営業部　部員15名

世良が所属する営業本部首都圏開発営業部は、世良、中堅顧客担当課長1名、課員18名、新規顧客開発担当課長1名、課員9名、合計30名の部署である。

東洋テクノロジー株式会社の営業本部の組織構成

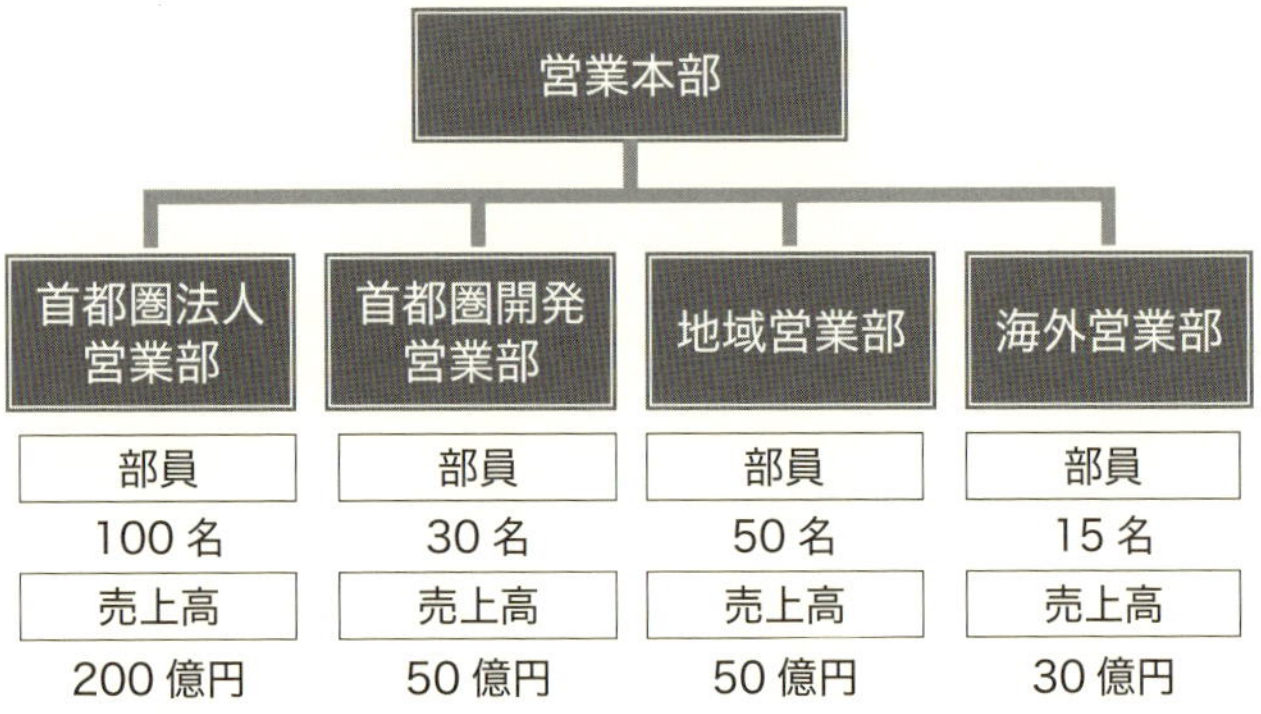

主な登場人物

世良修三	本書の主人公。企画本部からの突然の人事異動で営業本部首都圏開発営業部部長となる。
桐島弘章	世良の部下。課長として首都圏開発営業部での中堅既存顧客・新規顧客開拓担当の部隊をまとめる。
橘　大輔	桐島の部下。
藤代和人	世良の部下。課長として、部内では比較的大口の中堅既存顧客担当の部隊をまとめる。
安藤江梨花	藤代の部下。
小野颯太	藤代の部下で安藤の後輩。
長門　学	東洋テクノロジーの専務。営業本部を取りまとめる営業本部長でもある。世良の現在の上司。
山野健介	営業本部首都圏法人営業部部長。営業本部のホープとして次期本部長候補と目されている。
藤堂孝志	取締役のひとりで企画本部長。世良を煙たがる元上司。
鬼頭　元	首都圏開発営業部の重要な顧客である、新葉電器株式会社の資材調達部部長。
世良あきほ	世良の妻。悩める世良の身近なアドバイザー。
伊賀倫太郎	あきほの元同僚。業務コンサルタント。逆風の中、世良を支え続けるアドバイザーで、変革スモールスターターを標榜する。

世良による６カ月の営業変革の流れ

	9月	10月	11月	12月	1月	2月	3月
	危機感の高まり 変革の体制構築（スモールスタート）	ビジョンづくり（メンバー当事者化）	実践による仮説検証（宝石探し）	変革を阻む壁との対峙（暗いトンネル）		変革の加速・壁の突破（兆しの増加）	阻害要因への対処
プロジェクトの流れ	ミニ勉強会 上半期反省会 営業の見える化失敗	提案書実地調査 第1回　プロジェクト合宿	第2回　プロジェクト合宿 ヒアリング活動	新しい営業プロセス ドラフト版の完成	ユニークな手法の発展 営業プロセスの愚直な実践と改善	プロジェクト体制縮小	プロジェクトの打ち上げ
象徴的な出来事	メンバーの反発 新葉失注	伊賀による3つの予言 桐島ら同志に向き合う 援軍伊賀との出会い	変革の方向を決定づけた橘のぼやき	伊賀の問いかけ 世良の決意表明・徹夜 長門専務の呼び出し 藤井・山野の妨害	営業本部会議（世良の机叩き） 安藤・小野の参画 突然の小野の依頼	新葉再受注 鬼頭氏からの依頼	藤堂取締役の呼び出し 増える同志 順調な次年度案件の積み上げ

第1話

リーダーとして変革を志す

事業や業務、風土の変革においては、必ずその牽引役となるリーダーが必要となる。リーダーは、誰かに促されることもなく、「ありたい姿」をしっかりと描く。そして、現状との対比により組織が達成すべき課題を明らかにし、周囲に働きかけながらリーダーとしての第一歩を踏み出していく。

この物語における世良のように、最初は心もとないかもしれないが、自ら行動を起こすことで経験を重ね、すばらしいリーダーに成長する人は多い。

昨日の上半期反省会の模様

秋の気配がする9月下旬。世良は、いつも通り朝食をとりながら、新聞に目を通していた。だが、頭の中では昨日の出来事を反芻している自分に気づいていた。

世良は、東洋テクノロジー株式会社営業本部首都圏開発営業部の部長である。東洋テクノロジー株式会社は、1965年創業の伝統ある会社で、機械・半導体商社業界では中堅の会社だ。創業以来、市場の動向をいち早くキャッチし、新しい製品・サービスを実現することで知られている。しかし最近では、市場の変化に対して鈍感すぎるのではないかと、世良は考えていた。

世良は、今年の6月まで、企画本部で仕事をしていた。営業本部での業務経験はまったくなかったが、前任者が体調を崩し長期の療養に入ったために、急遽このポストについた。

以来、首都圏開発営業部の責任者として、不慣れな営業マネジメントを四苦八苦しながら進める毎日だ。同時に、日に日に危機感も高まっていた。部の本年度の営業目標は50億円だというのに、目下の見込み案件をすべて足しこんでも及びそうもないからだ。

その危機感に拍車をかけているのが、課長や部員の意識だった。昨日、上半期が終わろうとする現段階で、部員全員で反省会を開いた。その席上、世良から現時点での数字の達成状況や不足分、世良から見た際の問題提起などをした。

それに対して、世良が意見を求めても、当初は誰も発言しようとしなかった。そこで、世良は本音で話してほしいと伝え、一人ひとりに意見を求めてみた。すると、「割当目標が高すぎる」「本部全体の営業戦略が悪い」「幹部は現場をわかっていない」「自社製品に競争力がない」、挙げ句の果てには「取引先のキーマンが問題だ」などと、他責発言が相次いだ。

以来、その模様がグルグルと頭の中で反芻されるばかりで、世良はどうすればいいのか途方に暮れていた。

着任以降の取り組み

世良は、7月1日に本ポストに着任以来、とにかく営業の仕事に慣れることを優先して取り組んできた。また、同時に営業マネジメントがどういったものなのかということも、部下の課長たちに話を聞きながら、自分なりに工夫を重ねた。

8月に入り、世良も自身の考えに基づいた打ち手を試し始めた。その1つが、営業活動の見える化だ。営業部には営業支援システムが導入されているが、部員はほとんど顧客訪問履歴を入力していなかった。案件の進捗状況の記載もかなり曖昧で、入力された情報を基に営業進捗状況を判断しようとしても不可能なほどだ。

そこで、部員に対して、システムへのデータ入力を励行するところから始めることにした。ところが、それまでは素人の営業部長に対して比較的寛容に振る舞っていた部員が、あからさまに反発してきたのだ。なかでも安藤江梨花などは、「管理のためのデータを入力しても仕方がないと思います。どうしても入力する必要があるのなら、営業活動を圧迫しないようデータ投入担当者を増員してください」と反論する始末だ。

そこで、ミーティングや部員との同行訪問時の会話の機会を捉え、案件の状況などをリアルに把握しようと取り組んだ。一定の成果は得られたが、今度は課長たちから反発をくらってしまった。課長の藤代には、「部員のマネジメントは私たち課長職に任せてください」とまで言われてしまった。営業畑ひとすじの課長にそう言われてしまうと、世良としては彼らに任せるほかなかった。

さらに藤代は、「日々のマネジメントは現場リーダーのわれわれが強化しますから大丈夫です。他部の部長のようにどっしりと構えていてもらいたいものです」と続ける。確かに、他の部の部長は、いかにも組織長といった雰囲気で、あまり客先にも出向かない。部員からの報告も、課長が同席し、仰々しい雰囲気で実施されているのをたまに目にする。

特に、首都圏法人営業部の部長、山野は世良とは好対照の存在といえた。世良よりも随分若いにもかかわらず、まさに幹部然とした貫禄を醸し出しており、部員からは近寄りがたい雰囲気を持っている。実際、相談事などがある場合は、事前にアポイントを取っておかねばならないと聞いたこともある。その山野を頂点に、部員100名の東洋テクノロジーの中枢となる大口顧客向けの営業部隊が組織化されている。山野は営業本部生え抜きのリーダーで、次期本部長と目される若きホープなのだ。藤代は、明らかにそんな山野と世良を比較し、至らないところを嘆いているようだ。

得意客からの突然の契約解除宣言

8月下旬。そんな悠長なことをもう言っていられない象徴的な出来事が起こった。以前ご挨拶した、首都圏開発営業部の重要顧客である新葉電器のキーマン、鬼頭氏から直接、世良に連絡があったのだ。担当者を交えず責任者同士で一度話したいとのことで、世良は容易ならざるものを感じた。

世良は、新葉電器を担当する課長の藤代や担当者には鬼頭氏からの連絡を伝えずに、新葉電器に急いだ。「担当者を交えずに」という鬼頭氏の依頼もあったが、まずは部の責任者である自分が顧客の話を聞く必要があると考えたのだ。

挨拶の後、鬼頭氏が切り出した。「御社とはもう十年来のお付き合いです。しかし、下期からは他社に仕事をお願いしようと考えています」

世良は驚いた。藤代や担当者からは新葉電器との関係性の良さを聞かされていたうえに、下期には大型の案件も見えていると報告を受けていた。それだけに、失注するとなると、部の目標達成に向けて由々しき事態となる。

「お待ちください。弊社に至らぬところがあるのならぜひ改めさせていただきます」

しかし、そこで明らかになったコメントは、意外なものだった。てっきり、「御社は他社に比べて価格が高いからね」といった返答が返ってくるものとばかり思っていたのに、鬼頭氏の返答は違った。

「御社からは一切提案がないんですよ。こちらは担当者を通じて抱えている問題点や要望をお伝えしているのですが……」

取りつく島もない鬼頭氏に対して、それでも世良は再度の検討を依頼し、新葉電器を後にした。

この出来事は、世良に強烈な危機感を与えた。しかも、この話にはおまけがつく。世良は急いで社に戻り、藤代と担当者を呼んで鬼頭氏のコメントを伝えつつ事実を確認しようとした。すると、藤代が強く反発したのだ。

「なぜ、おひとりで鬼頭さんに会いに行ったんですか？　鬼頭部長に体よくしてやられてしまったじゃないですか。新葉電器さんとはこれまで長い間、お互い持ちつ持たれつでうまくやってきたんです。鬼頭部長も面と向かって私たちには東洋切りを伝えにくいので、面識の浅い世良部長に伝えようとしたのでしょう。これだから営業の素人は嫌だと言ったんだ。いい加減に現場の足を引っ張るのは止めていただきたい」

「ちょっと待ってくれないか。鬼頭部長は、そんな人だとは私には思えない。他社へのスイッチの理由を『東洋テクノロジーから提案がない』と仰っていたが……」

「そんな馬鹿なことがあるわけないでしょう？」

その後の会話は、問題の解決にはほど遠かった。担当者は終止沈痛な表情で沈黙を守り、藤代ひとりが世良への非難をまくしたてた。世良は、担当者の様子から何かありそうだと察したが、あえてそれ以上問い質すことはしなかった。

本件は営業本部でも大きな問題となった。その後、営業本部で世良につけられたあだ名が「素人営業部長」だった。

さすがに、藤代もすべての責任を世良に押し付けるのは危険だと感じたのか、他部に対しては、自身も反省している様子を見せるなど賢く振る舞っていたようだ。

だが、世良にとって問題なのは、そんなことではない。おそらく新葉電器の鬼頭部長の件は、まさに氷山の一角に過ぎないのではないかという漠然とした不安感だった。

何か抜本的な手を打たないとこのままではまずいのではないか。そう本気で感じ始めた。

世良、背中を押される

いつも通り新聞を斜め読みしていても、世良の頭を支配していたのはそのことだった。

何とかしたいとは思うのだが、営業の素人である自分が思い切った手を打っていくことに一抹の迷いがあり、やはり思考は堂々巡りを繰り返していた。

上の空で朝食をつついていると、しばらくその様子をうかがっていた妻のあきほが、突然、話しかけてきた。「営業部長になった頃は楽しそうだったけど、最近何か悩んでいるようね」

「ああ、大丈夫だよ」

「どうかしら。あなたの場合、そのフレーズが出ると要注意ね。ひとりで抱え込まないで、誰かに相談してみたら？　企画本部時代の悪い習慣よね」

「ああ、そうするよ」世良は生返事を返した。

結婚する前、あきほは企業の業務変革を支援するコンサルティング会社に勤めていた。2人目の娘が生まれたときに育児に専念したいと退職してから、そろそろ8年になる。

世良は仕事を家庭に持ち込まないという主義を貫いており、あきほもそれを理解し、干渉はしないよう配慮してくれている。それでも、ごく稀にではあるが、世良が何か大きな問題を抱えているらしいと察したときは、さりげなくアドバイスすることがある。

「企画本部にいた頃は、何が何でも自分ひとりで状況を変えたいって頑張ってたわね。それはそれで素敵だけど、今、あなたが責任を持っている営業部では、あなたが一番の素人なんだからひとりで問題に立ち向かおうとするのはどうかしら。誰か相談できる人はいる?」

あきほは、コンサルタント時代に、クライアントの経営幹部を支援することを目的にしたコーチングの資格を取得していた。そのせいか、あきほは世良が返す生返事を鵜呑みにせず、うまく世良の考えを発展させてくれる。

「実際のところ、なかなか相談できる人はいないな」

「一言で言うと、どんな悩み?」

「そりゃ難しいな。でも、何とかして営業部の業績を向上しなければならない。そのためには営業の進め方を見直していく必要があると考えているんだ。でもなぁ、周囲からかなり抵抗にあいそうでね……」

「一歩を踏み出すことに不安を感じているのか

世良メモ 1

首都圏開発営業部の課題

- 本年度目標　50億円
- 部員の意識は他責
- 営業支援システムは
  - ・顧客訪問履歴は、ほとんど入力されず
  - ・進捗状況は、かなり曖昧
- クライアントからの要望にも
  応えていない。提案していない

⇩

営業の進め方を見直す必要あり

しら？　あるいは何も変えたくないのかも。でも、まずはリーダーとして、あなたが何かを始めなければ、状況は変わらないいんじゃないかしら。アイデアがあるのなら、行動に移してみたら？」

「まぁ、確かにそうなんだが……」

出勤の時間が迫ってきたので、世良はその一言を潮に、朝食の残りをかき込み、家を飛び出した。

首都圏開発営業部のリーダーとして覚悟を決める

世良は、最寄駅から乗り込んだ通勤電車にもまれながら、なお思案し続けた。

（下半期をどう過ごすかによって、今後が大きく変わってくる。素人の私が前面に出てリーダーシップを発揮するとなると、課長や部員の抵抗は激しいだろうが、首都圏開発営業部は営業の進め方を変えていく必要がある。さもなければ、現状を変えることができず、来年はもっと激しくなるかもしれない。まずは、自分の考えを本部長にぶつけてみるか）

あきほのアドバイスがあっても、いざ行動を起こすには、やはり不安はぬぐえない。

実は、世良は企画本部時代に、何度か会社を変えようと、幹部に対して相談や提言をしてきたし、現場組織にも働きかけをしてきた。だが、その多くはヒエラルキーの壁、組織の壁に阻まれ、表面上はともかく、本質的には何かを変えられたという手ごたえをまったく得られなかった。

逆に、無視されたり、反発されたりで、世良を異分子扱いする者のほうが多い。東洋テクノロジーの将来を思い、問題を口に出し、解決に向けた行動も起こしてきたが、それが社内のバランス感覚や社内政治を重視する者から見ると、理想を追いかけるただの青臭い行動にしか見えないのであろう。

しかし、少なくとも今、自分は現場にいる。だとしたら現状を変えるために、首都圏開発営業部の責任者として行動を起こすべきではないか。世良は強く思った。ここにきてようやく、世良は覚悟を決めた。

第1話　完

よくあるケースと対処方針

よくあるケース 1

メンバーに部の方針を説明したら、意外にもネガティブな意見が多くて驚いた。

対象者
営業組織の責任者、経営幹部

対処方針
その場でメンバーを説得し、意識を変えようとするのは難しい。リーダーとしてメンバーのネガティブな反応を受け止めることから、第一歩を踏み出す。

もともと市場の動向に敏感だった東洋テクノロジーも、安定した成長によって、組織における鋭敏さが失われつつある。その結果、変化に対して鈍感になるばかりか、時として拒絶反応を起こすこともあった。

その最たるものが、現場リーダーやメンバーの「他責発言」である。もはや首都圏開発営業部には、事業の当事者といえる社員は存在しないのかもしれない。だからといって、「他責発言はだめだ。当事者として考えて行動しよう」と言うだけでは、何も変えることはできない。

このような場合には、リーダーとして現状を受け入れるところから第一歩を踏み出す。そして、言葉を投げかけるだけでなく、自ら行動を起こすことでねばり強くメンバーの意識を変え、1人でも多くの当事者を生み出していくことにエネルギーを注ぐ。

よくあるケース2

営業経験がないのに営業組織の責任者を任され、業績回復を目指すことになった。

対象者 営業組織の責任者

対処方針 営業の専門家でないからと諦めたり、人任せにしてはいけない。リーダーとして、必要に応じて経験豊富なメンバーを巻き込むなどして現状を変える努力をする。

コンサルタントとして仕事をしていると、「自分は営業の専門家ではないから、なかなか現状を変えられない」という相談をよく持ちかけられるが、現状に対して門外漢が感じる素朴な疑問のほうが、変革のキッカケとなることが多い。えてして、「営業現場では当たり前」と思われている物事の中に問題が潜んでいるものである。

経験が少ないのであれば、共に変革を目指す同志を増やせばよい。営業に関しては素人部長である世良も、苦労を重ねながら、自分の目で営業活動の実態を見て、顧客の声を聞き、そして自分なりに考え、メンバーに伝えていくことで、当事者を増やす活動を進めた。そして時に、伝統的な東洋テクノロジーの営業幹部よりもはるかに鋭い視点から、問題を浮き彫りにしていく。

あなたは専門家ではないということを理由に一歩引いていないか？

よくあるケース3

営業変革などという手間のかかることをやっている暇はない。

対象者　営業組織の責任者、経営幹部

対処方針　短期的な営業成果だけでなく、将来にわたって持続的に成果を上げていくには、事業のソフト面に着目した打ち手を講じる必要がある。

会社の業績を向上したいと考える経営幹部の多くがエネルギーを注ぐのは、ビジョン・戦略の刷新、組織構造の見直し、意思決定や人事評価の仕組みづくり、新製品・サービスの開発といった分野（事業のハード面）である。

　確かに、業績を向上させるためには、そのような事業やそれを支える仕組みそのものを変える取り組みが欠かせない。一方で、そういった取り組みの成果を最大化したり、持続的に成果を拡大していくには、組織が大切にする価値観の最適化を促したり、人や組織の成長（事業のソフト面）も併せて支援する必要がある。だが、ソフト面の支援は、しばしば軽視されてしまう傾向にあるのが実態だ。

　変革とは、前述した事業のハードとソフトの両側面を結果として同時並行に変えていく取り組みにほかならない。時間がかかるからといって、ソフト面を軽視していては、まさに、笛吹けど踊らずで、意図する成果の創出は難しいだ

事業のハード面とソフト面

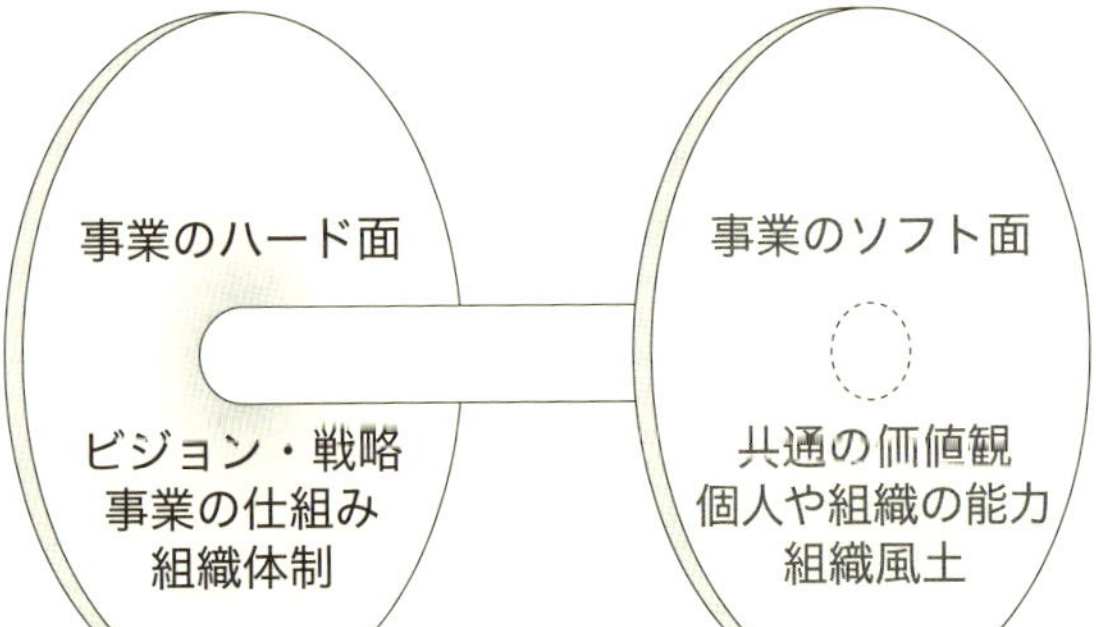

ろう。まさに、変革には着実に近づく道はあっても、手っ取り早い近道はないのだ。したがって、変革を牽引するリーダーは、新たな方向性を指し示すだけでなく、人や組織を自律的に動かしていくという、より広範囲な能力を発揮することが要求される。

これは、営業組織における業績向上に置き換えても同じである。成果を最大化したり、持続的な業績の向上を図っていくには、営業方針の最適化、マネジャーによる営業管理の徹底、営業ツールの改善、販売施策の見直しなどハード面を整えることはもちろんのこと、営業マネジャー・メンバーの意識や行動面の変化を促し、彼らが主体的に取り組みを進めるようなソフト面の強化も必要である。

この後、世良は、自分で明確に意図したわけではないが、事業のハード面とソフト面の両面を変えていく「営業変革」を進めていくことになる。

第2話

変革を支援する
オーナーを見つける

変革に着手する際には、その体制づくりもリーダーにとって重要な取り組みとなる。変革という営みの本質を考えると、その体制には取り組みを「見守り」、必要に応じて「支援」する変革のオーナーが欠かせない。だが、現状では、変化を起こそうとするリーダーは孤立無援で取り組みを進めざるをえず、その過程で挫折を経験することが多い。

東洋テクノロジーの強みと弱み

（どう説明するか——）

状況を変えるためにリーダーとして第一歩を踏み出そうと腹を括ったものの、世良の思考は次の壁に直面していた。上司である営業本部長の長門専務に現状をどう説明し、今のやり方を変える必要性をどう理解させればいいのか、思案が定まらない。

かつての東洋テクノロジーの強みのひとつは、まちがいなく組織力だったと思う。その頃、競合する会社の多くは、市場の急激な拡大に伴い組織も拡大したが、しだいに会社としての力を失い、市場から消えていった。

しかし、東洋テクノロジーは組織の急成長をしっかりとコントロールし、統制が取れたヒエラルキーを構築しながら、市場の荒波を一枚岩で乗り切って、これまでやってきた。

「だが――」と世良は思う。そのヒエラルキーが、今の東洋テクノロジーの弱みにもなりつつあるのではないだろうかと。あいつは気に入ったとか、気に入らないといった感情が色濃く影響するため、何かを成し遂げようと思ったら、まずは幹部に気に入られるところから始めなければならない。実際、首都圏開発営業部の仕事の進め方を変えようとしても、自分だけの裁量ではなかなか取り組みを進めることができないのが現状だ。

たとえ自分が責任を持つ部内のことであっても、組織幹部への事前の説明なしに新しいことを始めようものなら、必ずといっていいほど後で問題となる。そのあげく、感情論で取り組み

世良メモ 2

取り組みを円滑に進めるためには

現状　営業部のリーダーとして部員から
全幅の信頼を得ているとは言えない

⇩

支援をしてくれる幹部の存在が欠かせない

長門専務を説得する

⇧

ハシゴを外されないように

にストップがかかることも、これまで少なからずあった。

あるいは、ろくに話も聞かずに、いざ問題が発生すると、「説明を受けていない」「聞いていたことと違う」「自分のイメージとは違う」と、梯子を外されることも多い。どうやって長門専務を説得するか。これが最初の鍵となる。

変革の支援者を探す

世良は、まず相談という形で長門専務と話すことにした。出社してすぐに秘書に連絡を入れ、今日の本部長の予定を確認した。午後に少し空き時間があるということだったので、仮に予定を押さえてもらう。

世良の持つ理想のリーダー像から考えると、専務であり営業本部長という肩書きを持っていたとしても、部下の相談には門戸を開き、気軽に話せる雰囲気や環境をつくり出すべきではないかと思う。だが、東洋テクノロジーでは、従業員が500名という規模にもかかわらず、役員と社員が直接自由に話すといった雰囲気がまったくない。

以前、世良が企画本部に籍を置いていたときに、いろいろと現場の問題解決を上司の企画本部長に上申したが、陰では随分煙たがられたと聞いている。その際、その取締役企画本部長は、「世良は東洋テクノロジーの突然変異じゃないのか？」と漏らしていたという噂を聞いたこともある。自分としては、もっと現場の人が働きやすい状況をつくらねばと使命感を持っての提言だったのだが――。

いずれにしても、長門専務にどれほど煙たがられても、首都圏開発営業部の状況を変えるためには、その取り組みへの合意を得なければならない。少なくともストップをかけられるような事態を避けるために、世良は取り組みの支援者をつくらねばならなかった。

営業本部長の意外な反応

世良は、午前中に手早く現在の営業活動状況や抱えている課題をまとめた資料を作成した。

これもヒエラルキーの弊害だろうか。部下が手ぶらで上司と相談するということが許されず、相談事を事前に資料にまとめ、説明する必要がある。時には資料の書き方がまずいと、相談に移る前に突き返されることもあるのだから、結局上司への報連相が実施されなくなるという悪循環を招いている。

あまりのひどさに、世良は首都圏開発営業部において余分な社内資料作成を減らし、説明は口頭でよいというルールをつくったほどだ。社内説明にそんな時間をかけるくらいなら、お客様に向けてもっと良い提案書を書くほうに時間を使うべきだ。

予定していた時刻を随分と過ぎてから、秘書から声がかかり、ようやく専務室に通された。長門専務は入室してきた世良にソファーに座れと促し、自らも腰掛けた。長門は役員の中でも特に個性が強い。どちらかといえば専制的で、一度ボタンを掛け違うと感情が先に立ち、後々やりにくくなるタイプだ。

しかし、まだ営業本部に着任して間もない世良には良いところを見せたいのか、これまではソフトで寛容に振る舞って物分かりの良いことを演出している。世良も、何とか懐に入りたいと、これまで事あるごとに恭順の意を表してきた。

世良の話を一通り「うん、うん」と、うなずきながら聞いていた長門専務は、特に本件に関して質問をするでもなく、3カ月間の首都圏開発営業部での仕事への取り組みをいくつか質問し、最後にこう言った。

「そういえば、世良君のことは企画本部の藤堂さんからも聞いているよ。しっかりした問題意識があって結構だね。この提案はぜひ、自分の取り組みとしてやってみたらどうかな？　助けが必要なら、いつでも声を掛ければいい」

図りかねる真意

　世良は意外だった。まとめた資料には新葉電器の失注を含め、首都圏開発営業部の危機的状況が整理されている。本来であれば、本部長からその状況に対してもっと突っ込んだ質問があってもおかしくない。あるいは着任して間もない世良にとって、この状況は前任者の置き土産のようなものだから、質問を控えたのだろうか。さらに、「世良の取り組みとして進めろ」というのは、どのように捉えるべきであろうか。首都圏開発営業部の責任者は世良だから、その責任において実施しろというのはわかるのだが、聞きようによっては、本部長承認の下に進めていると言われるのを避けたいという意向も感じられなくはない。

「だが」と、世良は考えた。

（もし、長門専務がそのように鷹揚に振る舞わず、私の提言を頭から否定していたらどうなるか？　おそらくは、これから私が進めるべきだと考えているさまざまな打ち手もすべて待ったがかかり、現状のままなす術もなく、年度末に向かわざるをえないという最悪のシナリオが待っていたはずだ）

　そう考えると、自己リスクとはいえ、やってみろと言われたことを良しとするほうが正しい認識だろう。後は、自身の取り組みしだいということだ。世良は幸先の良さを素直に喜ぶべきかもしれないと思った。

波乱の予感

若干の疲労を感じてはいたが、少し気分が楽になって帰宅した世良は、いつものように「食事にしますか」と明るく問いかけるあきほに、今朝のお礼も兼ねて今日の出来事を話してみた。

しかし、予想に反してあきほの反応は鈍かった。

「何か気がかりなことがあるのかい？」

「そうね。あなたは周囲の抵抗を心配していたわよね。あなたが営業本部に着任して3カ月が経つけれど、まだまだ部下からリーダーとして全幅の信頼を得ているという状況にはないのよね。そのあなたが本気で業務の進め方を見直そうとすれば、確かに反対する人も現れるだろうし、ある程度の抵抗は避けられないと思う」

「それで？」

「そういった取り組みを円滑に進めるには、その取り組みを見守り、育ててくれる良き支援者であるオーナーの存在が欠かせないものだと思うの」

「ああ、そう考えたから、まず上司に相談したんだ」

「でも、結局あなたがリスクを背負って、変化を起こしていくことになるわけよね。うまくいっている間は良いのだけれど……。オーナーの存在が重要になるのは、取り組みに時間がかかる場合じゃないかしら」

「まぁ、うちの部の営業の進め方を見直すだけだから。それほど、時間はかからないんじゃないかな」

「それはどうかしら……。誰もが今の業務の進め方に問題を感じていても、いざ進め方を変えるとなると、なかなかついてきてはくれないものだわ。だから、表面上営業の流れを変えるだけでは、何も変わらないと思うの」

「君がアドバイスしてくれた通り、まずはやってみるさ」

不安げな表情を見せたあきほも、世良の決断を鈍らせることを避けたのか、それ以上は重ねて言及しようとしなかった。

しかし、世良はこれからの取り組みが、自分が考える以上に大変なのかもしれないと思わずにはいられなかった。かつてコンサルタントとしてさまざまな企業の変革を支援してきたあきほの言葉は、それほど重く、世良にのしかかっていた。

第2話　完

よくあるケース4

組織に変化を促したいと問題提起をするものの、メンバーの危機感が希薄だと感じる。

対象者 営業組織の責任者、経営幹部

対処方針 組織固有の風土を把握し、状況に応じて適切な対処を進めていく必要がある。場合によっては、新たな組織風土の醸成を目指さなければならないこともある。

企業が成長期から成熟期に移行し、さらなる成長を遂げるための変革が必要となる時期を「変革期」と呼ぶが、変革期では、それ以前の成長期や成熟期に形成された組織風土が変化を阻む要因となることが多い。そういった場合、変革を目指す取り組みへのメンバーの自発的な参画は期待できず、指示・命令によって半ば強制的に取り組みを進めざるをえなくなることもある。

組織風土は、マネジャーやメンバーの仕事に対する意識や価値観、成果達成のレベル感、日常の思考様式や行動様式、職場の雰囲気や社員のモチベーションといった組織のパ

フォーマンスに影響を及ぼすさまざまな要素で構成される。「危機感が希薄だ」といった社員の意識にかかわる症状も、組織風土が変化を受け入れるべき局面に適していない状況をうかがわせる。

だが、これは容易には解決できない根が深い問題を含んでいる。なぜなら、その組織に属する人たちは、自分たちの組織の風土が問題を抱えていることに気づいていないことが多いからだ。特に、東洋テクノロジーのように過去に安定して成長してきた組織ほど、知らず知らずのうちに変化を拒む力が強く働くことが多い。

本章で世良は、「伝統的なヒエラルキー」だけを問題視していたが、だからといってフラットな組織にすればいいというものではないし、問題はそこまで単純ではない。それが、組織風土の難しいところでもある。

目には見えない組織風土の現状を把握する方法として、組織風土診断のような外部評価を導入し、組織風土上の問題を可視化していくアプローチが効果的である。変革という取り組みが事業のハード面とソフト面の両面から進むものである以上、組織の幹部はそのソフト面の重要な要素である組織風土を常日頃から客観的に捉え、望ましい状態を実現するための打ち手を講じておくべきであろう。

よくあるケース 5

変革への取り組みを進めたいが、幹部の支援が得られない。

対象者 営業組織の責任者

対処方針 営業組織のありたい姿やその活動に関するビジョンを粘り強く共有し、巻き込みたい幹部との間で課題感をすり合わせていく取り組みが求められる。

世良のように市場を見て、自ら進んで変化を起こそうと考える現場リーダーの多くが、東洋テクノロジーのように過去の成功体験に囚われていたり、内向きな視点の強い幹部が牛耳るトップダウン型組織に不満を感じている。

世良にしてみれば、自分が責任を持つ部署の仕事のやり方を変えるからといって、逐次幹部に断りを入れるのはどうかという感覚がある。しかし、悪感情を抱かれて、変化を起こす初期の段階で取り組みにストップがかかることや取り組みの最中に物言いをつけられ、とん挫することは回避したい。

部下を変革に巻き込む能力はともかくとしても、変革活動の良き支援者になれない幹部を適切に巻き込む能力については、これまであまり重視されてこなかった。だが、東洋テクノロジーのような組織風土を持つ企業では、幹部自身が変革を阻む大きな障害になることもありえる。

そのため世良は、営業の流れを変える取り組みの狙いや進め方などについて、きちんと手順を踏み、長門専務に説明しようと考えた。また、長門の豊富な経験に基づくアドバイスを得られれば心強いと、前向きに考えていた。

現場で変革を志すリーダーは、取り組みの阻害要因となりそうな幹部層に積極的に働きかけ、味方に引き入れる必要がある。取り組みの最中も、幹部層とのコミュニケーションを密にして、彼らの意向を取り入れ、軌道修正を図るなどして、柔軟な対応を見せなければならない。また、思いつきでアイデアを出すような幹部の意向に振り回されて、メンバーのやる気がそがれないようにする配慮も必要となる。

よくあるケース 6

現場の管理者に積極的に業務の変革を進めてもらいたいので、「変革リーダー研修」を受講させたい。

対象者　経営幹部

対処方針　現場レベルの業務変革というテーマであっても、その変革をスムーズに進めるためには、変革を牽引するリーダーだけでなく、変革を守り育てるオーナーや変革リーダーと共にチャレンジしようと考えるフォロワーの存在が欠かせない。

リーダーになってほしい管理者層に対して「変革リーダー研修」を実施することも重要だが、同時に、オーナーやフォロワーも視野に入れた体制づくりを戦略的に検討すべきである。

現時点で、世良自身はこれから進めようとしている自分の取り組みが、業務の変革に相当すると意識しているわけではない。しかし、東洋テクノロジーの社風を考えれば、その取り組みを「見守り」、必要に応じて「支援して」くれる存在の必要性を感じてもおかしくはない。

規模にもよるが、業務変革は、その性質から短期間に成果が出るというものではない。

変革のオーナーは、取り組みの成否が定かではない状況においても、辛抱強く現場のリーダーを支援する「リーダーのリーダー」である。優れた変革のオーナーは、時に変革を牽引するリーダーを励まし、適切な助言を与え、時には前向きな圧力をかける。一般的には、オーナーなき変革の成功率は著しく低下する。

手っ取り早くフォロワーを得るために、動かないマネジャー層を避け、若手・中堅社員を駆り出して変革プロジェクトを立ち上げる幹部が多いが、自らプロジェクトのオーナーとしての役割を積極的に果たし、プロジェクトの検討結果を具体化するためのエネルギーを惜しまない姿勢がなければ、変化など起こせないことを念頭に置くべきである。

前述の通り、世良のような現場のリーダーが問題意識を持ち、現場を変えていきたいと考える場合、変革に向けた体制づくりの第一歩として、オーナーとなってくれるより上位のリーダーに対し、自らのビジョンを共有しつつ協力関係を構築しておく必要がある。

果たして世良は、その大切な取り組みに成功したのだろうか？

第3話

変革のコアチームを組織する

変革を推進するには、オーナーの存在だけでなく、変革を志すリーダーと共に取り組みを進める良きフォロワーをチームとして組織化することが重要となる。

しかし、首都圏開発営業部のように、営業部員がわずか30名の組織であっても、全員が能動的に変化を受け入れたいと思うわけではない。チームづくりにおいては、組織の中のどの層がまず変化を積極的に受け入れるかを見極め、変革の火種を植え付ける場所を絞り込んでおく必要がある。これが変革のスモールスタートにつながる。

思わぬ横槍

営業本部長である長門専務への問題提起は、手ごたえの感じられないものに終わった。だが、世良にとっては自身の進めようとしている取り組みにのっけから待ったがかからなかっただけでも有難いと思うほかなかった。

ところが、思わぬところから横槍が入った。取締役企画本部長の藤堂が、世良の上申に対して憤慨しているようなのだ。どうやら、長門専務が藤堂に対して、世良からの問題提起を伝えたらしい。

藤堂は世良の元上司で、企画本部時代も社内の問題を提起し、解決策を上申する世良をうるさがっていた。藤堂は長門専務から話を聞くと、「世良は現場に行ってもまだわかっていないのか」と、怒りをあらわにしたらしい。

世良にしてみれば、何をどう理解すれば良いのか判然としない。しかし、東洋テクノロジーの慣例では、部下が上司に問題提起をするなどもってのほかで、ましてや藤堂の目から見ると、世良自身の力不足を棚に上げて「組織のせいにするな」ということらしい。

幸いにも、この件は噂だけで終わった。その後も、藤堂から世良に対して直接ストップがかかることはなかった。だが、いずれ何らかの圧力が、周囲からかかるかもしれない。

良きアドバイザーの必要性

早速の逆風に、世良はあきほの反応を思い出さずにはいられなかった。帰宅後、浮かぬ顔をして夕食をすませた世良に、あきほはさりげなく提案してきた。

「昨日、コンサルタント時代の同僚から連絡があったの。未だに私を先輩だって慕ってくれていてね。当時の私たちの上司が退職をするので、壮行会に参加してもらえないかって。都合が悪くて、壮行会には参加できないんだけどね」

「それは残念だね」

「ええ、でも久しぶりだから電話で1時間近くも話し込んでしまって」

「そうなんだ」

世良は、例によって脊髄反射的に会話に付き合っていた。新婚時代には、この上っ面だけの受け答えで、よく妻の怒りをかったものだ。しばらく会話に付き合っていると、あきほが「じゃあ伊賀くんにお願いするわって言っておくわね」と、会話を締めくくった。どうやら上の空で話の流れを理解していなかったようだ。

「ちょっと待ってくれ。誰に何を頼むって？」

「私の後輩のコンサルタントに、あなたのアドバイザーになってもらえるように依頼するわねって言ったの」

「えっ」

「さっき、イエスって言ったんだから、今さら聞いていないっていうのは止めてよね。現役時代、彼には大きな貸しがあって、快く相談に乗ってくれるそうよ」

あきほにピシッとそう言われ、どうやら罠にはまったようだと世良が気づいた頃には、あきほは娘たちを寝かしつけに、いそいそと子ども部屋に向かった後だった。

普段の世良なら、素直に受け入れる気にはならなかったかもしれない。だが、藤堂による思わぬ横槍の一件もあり、世良は家庭に仕事を持ち込まない主義をいったん忘れることにした。

リーダーとして自身の考えを形にしてみる

世良は、首都圏開発営業部の仕事の進め方を変える必要性を強く感じていた。現在の営業部は、既存のお客様との良好な関係を当たり前のように捉え、そのお客様の発注対応を粛々と処理しているだけにすぎない。このままでは今期の高い目標をクリアすることはもちろんのこと、年々厳しさを増す市場において事業を継続することは相当難しいだろう。

それに、あきほの後輩のコンサルタントにアドバイスを求めるうえでも、リーダーとして部員に取り組みを進める意思を伝えるためにも、世良のビジョンが定まっていないと話にならない。そこで世良は手始めに、自分自身の考えを資料にまとめてみることにした。営業部の課長たちに煙たがられながらも顧客訪問への同行を強化している今、同時並行で作業を進めるのは大変だったが、自身の考えをラフにでも形にしておかねばならないと感じていた。

先日実施した上期の振り返り会議における部員の反発を思うと、それはある程度の説得力を持った資料でなければならない。今の首都圏開発営業部が抱える問題を洗い出すと、意外と分量が多くなりそうだ。

リーダーの考えをチームに伝える

数日を要したが、世良は自分の考えを大体まとめることができた。といっても、営業を半年かじった程度の専門性でまとめた資料だけに、リーダー格の部員の反応が心配だ。だが、もうすでに下期は始まっている。世良にとっては待ったなしという切羽詰まった状況だった。

だが、管理者を含めた営業部員30名を全員集め、仕事の進め方を変えようと声を掛けても、前回同様、何も前に進まない可能性が高い。ここは手間と時間がかかっても、人数を絞って率直に議論できる場を設けたほうがいいだろう。具体的には、部員を5人ずつ6グループに分け、各々に半日時間をあけてもらい、双方向で議論をする。2人の課長にはどこかで参画してもらえばいい。

最初は、順番を大切にして、課長とだけ先に議論をしようかとも考えたが、無用な反対を招き、世良の考えを部員に伝える機会を失うのは避けたかった。世良はそれを「ミニ勉強会」と名づけ、その後の仕事の見直しの場にもつなげていこうと考えていた。

ミニ勉強会の実施

早速、首都圏開発営業部の管理職ミーティングにミニ勉強会の実施を諮ることにした。しかし、世良が5人ずつ半日をかけて今後の取り組みに関して議論したいと伝えると、課長の藤代が強烈に反発してきた。

「方針は上層部から資料が回って来ていて、すでに必要な部分は担当者にも共有しています。もう決まっているわけですから、今さら担当者に意見を求めたところで、良いアイデアが出る

世良メモ 3

仕事のあり方を見直すステップ

1）5人ずつ6グループに分けた
「ミニ勉強会」を実施し、
取り組みを進める意思を伝える

⇩

2）管理者、担当者全員を巻き込み
「業務改善プロジェクト」をつくる

⇩

3）仕事のあり方を見直し、業績を挽回する

全員一丸となって！

わけないでしょう」と、トップダウンを重視する東洋テクノロジーの伝統的な考え方を主張した。

しかし、世良も負けるわけにはいかなかった。「アイデアが出るか出ないかはやってみなければわからないし、トップダウンの方針だけでは実際の現場の問題を捉えきれていない」

世良のいつにない強い押しに、藤代は不承不承、ミニ勉強会の実施を承諾した。

次週からこのミニ勉強会を母体として、管理者や各担当者を巻き込み、「営業改善プロジェクト」をつくって、首都圏開発営業部の仕事のあり方を見直していきたい。そして何とか業績を挽回し、次年度につなげていきたいものだ。世良はようやく第一歩を踏み出せた実感を噛み締めた。

あきほの後輩に相談するのは、その結果を見てからにしよう。あるいは、世良の心の中のどこかに自分が責任を持つ部の仕事の流れを変える程度なら、自分ひとりでも十分に対処できるという自負があったのかもしれない。

そのときの世良はミニ勉強会が期待した結果とは異なるものになるとは想像もしていなかった。

この後、世良は、自らの甘さを悔やむことになる。

第3話　完

よくあるケースと対処方針

よくあるケース 7

管理者を集めてビジョンや戦略を説明したが、その後、現場から具体的な行動が生まれてこない。

対象者　営業組織の責任者、経営幹部

対処方針　ビジョンや戦略をロジカルに伝えることも大切だが、それ以上にまずリーダーとして、そのビジョンを本気で実現したいと考える熱意を伝えるところから進めていく必要がある。

変革を必要とするような組織では、いくらリーダーが理路整然とビジョンの妥当性を解説しても、聞き手から手ごたえのある反応を得られることは稀である。物足りなさや不安を感じたリーダーは、その後、各組織に実施計画を策定させ、その取り組み状況を管理することで、ビジョンの実現を目指そうとする。

むろん、そうした事業のハード面を重視した進め方でも、ある程度は指示したことが実行されるだろう。しかしそれだけでは、現場組織の主体的な取り組みを引き出すことで十分な成果につなげていくことは難しい。むしろ、管理に偏重することで、逆に不十分な形で終わるケースが多いのではないだろうか。

ビジョンや戦略、方針を聞く側が無意識に重視することは、リーダーの姿勢や本気さである。したがって、リーダーは、自分の本気度をどのように伝えて現場の主体的な行動を引き出していくか、よく考える必要がある。

今回、世良は、部長というポジションにありながら、自ら手を動かしてビジョンを形にしようと苦労した。部長職ともなると、部下の育成を考え、自らは手を動かさずに、部下に考えさせるというケースも多い。中には、部長が課長に、課長が中堅社員や若手社員など部下にビジョンや戦略を考えさせ、資料化させたうえで、その説明を受けながら自身の考えを整理するというような、いわば「考えること」を放棄したようなリーダーもいる。しかし、そういったリーダーに変革を成し遂げる力があるとは思えない。

実際、現場で業務変革を成し遂げたリーダーの多くが、自らのビジョンを、自らの手を動かして描き、メンバーに訴えかけている。

さらに、世良は9月に実施した「上期反省会」での教訓を活かし、一方的にリーダーの考えを伝えるのではなく、双方向に議論する場を持とうと考えた。変革の立ち上げ期には、手間がかかっても、人数を絞り、活発な意見を交換する「場」が必ず必要となるものである。

果たして世良は、メンバーの積極的な参画を促すことができるだろうか？

よくあるケース 8

組織横断で優秀な人材を選抜し、業務の変革プロジェクトを起動したが、活動が立ち消えになってしまった。

対象者 営業組織の責任者、経営幹部

対処方針 優秀な人材を集めて方向性を議論させるのは有効なアプローチ方法である。しかし、難しいのは、そのプロジェクトで議論された変革に向けた仮説を現場で検証していく実践フェーズである。ゆえにプロジェクトを起動する場合は、実践フェーズに移りやすい形態も考慮しておく必要がある。

変革プロジェクトといえば、組織横断で優秀層を集め、プロジェクトを起動して、という流れが一般的だが、プロジェクトを実施する段階でとん挫してしまうことが多いのはなぜだろうか。

その原因として多いのは、方向性を検討する変革プロジェクトのメンバーと現場との意

識の違いだ。優秀なオーナーがプロジェクトを支援している場合は別としても、プロジェクトで検討した方針が説明されたからといって、現場が自発的に動き出すことはほとんどない。結果、検討はしたが、立ち消えとなってしまうのである。

蛇足だが、優秀な人材はこの種の取り組みによく指名される。しかし立ち消えとなるプロジェクトが幾度も重なれば「またか」となり、やらされ感を抱いてしまうことがある。特に、オーナー不在の変革プロジェクトで、周囲の協力を得られないままにプロジェクトがとん挫した経験がある場合は、なおさらそうなる可能性が高いので注意が必要だ。

世良は今、お客様に「東洋テクノロジーを選択してよかった」と評価してもらえるような営業の進め方を実現し、早期に成果につなげたいと考えている。世良にとって重要なのは、「現場における仮説検証」である。だからこそ、管理者だけで進めるのではなく、実際に顧客接点となる営業担当者を変革活動に巻き込み、彼ら自身が突破口となる仮説を見つけ出し、実践を重ねることで検証を進めたいと考えている。つまり、皆で議論して策定する仮説のすばらしさに期待しつつも、それ以上に実践による検証活動こそが肝だと考えたのだ。

そこで、まず世良は動機付けの「場」としてミニ勉強会を企画した。目的は、他責マインドに支配されている担当者の意識を変えることだ。この「場」を活用し、世良の持つ問題意識である「当事者」を増やせるか、それがプロジェクト成否のカギとなる。

「優秀なメンバーを集めて」というプロジェクトは、多くの企業が実施している。だが、「当事者意識の強いメンバーを集めて」とか、「実践のしやすさを重視して」と考える企業は少ない。どちらが成功の確率が高まるだろうか。

第4話

フォロワーと共にファースト・ビジョンを描く

従来の仕事の進め方に疑問を持たないような慣性の法則に囚われた集団の意識を短期間に変えることは難しい。そこで、変革を志すリーダーは、まず自らビジョンを思い描き、メンバーに熱く語りかけることで、無反応な集団の中から同志となるフォロワーを探し出す。そして、改めてフォロワーと共にビジョンを描き直すことから変革をスタートする。

波乱含みのミニ勉強会

事前にあきほが危惧した通り、世良の提案は、現場の課長たちからかなりの抵抗にあった。声に出してミニ勉強会に異を唱えた藤代の態度はかなり明確だったが、もうひとりの課長である桐島はどう考えているのだろうか。一見すると、ネガティブに沈黙を守っていたが――。ミニ勉強会では、ぜひとも率直な意見を聞きたいと、世良は考えていた。

結局、ミニ勉強会は6回に分けて実施することになった。参加者は毎回5名と少人数に絞り、半日かけて双方向で議論をし、営業の仕事の流れを見直すキッカケをつくるのだ。各担当者の参加予定日を確認し、後は当日を待つばかりとなった。

だが、第1回目にして、どうも雲行きが怪しくなってきた。急な顧客対応を口実に、5名中4名が参加できないと申し出てきたのだ。それでも、急遽参加を表明した課長の桐島と、営業担当者の安藤江梨花の2人を相手に、ミニ勉強会は実施された。

社員のネガティブな反応と思わぬ収穫

ミニ勉強会の冒頭は、世良が口火を切った。全社の方針を踏まえつつも、部のリーダーとして捉えている自社を取り巻く市場の分析、自社の強みや弱みの分析を踏まえたあるべき東洋テクノロジー像を明らかにし、そのうえで首都圏開発営業部としてどのように全社貢献をすべきかを語った。

実際、新製品の市場への投入頻度を分析しても、東洋テクノロジーの社員の誇りとなっているかつての強みである「顧客ニーズをいち早く捉えた市場への対応の早さ」は、明らかに他社の後塵を拝していた。その結果、新葉電器をはじめとする重要な既存顧客による調達先の変更、つまりは他社への乗り換えが確実に進んでいることが、過去5年間の顧客層別売上構成グラフからも明らかに読み取れた。

しかも、新規の顧客層も十分に開拓できていない。つまり、東洋テクノロジー全社の売上高はじり貧の状態に陥っているのだ。

首都圏開発営業部は、既存の顧客の中でも、とりわけ最新の技術トレンドやコストに敏感な中堅企業を担当しているだけに、首都圏法人営業部に比べてその減収傾向はより明らかである。さらに、首都圏開発営業部のもうひとつのミッションである新規顧客開拓の分野にいたっては、惨敗といっても過言ではない。棚ぼたの受注ともとれる、突発的で脈絡のない契約をほんのわずか獲得するに留まっているのが実状であった。

企画本部時代には、毎年のように、この減収トレンドを経営課題としてもっと社員層と共有し、全社を挙げて真剣に議論して、抜本的な課題解決策を検討・実施すべきだと上申を重ねたものだ。しかし、設計・開発、製造、営業の各本部を束ねる役員らの議論が嚙み合わず、結局は毎年、各本部各々が進めたいと考える取り組みを統合した全体方針が出され、減収分を各本部に割り振り、コスト削減で埋め合わせることに終始した。その全体方針を現場に落とし込むというのが、企画本部の仕事だった。その結果、社内には同じ船に乗っているという感覚が、年々希薄になってきているように感じられる。

当時、世良は慣性の法則に囚われる幹部や現場の意識に一石を投じられない自分に、強い無力感を覚えていた。しかし、肝心の企画本部の長である藤堂自身が、先輩格である他の役員への配慮からか、「社内で揉めている場合ではない」と、本部の垣根を越えた議論を良しとしなかったのだ。これでは、一管理者の世良にはどうしようもない。

だが、このミニ勉強会は違う。これまでの企画本部での経験がモノをいい、実際のデータを引用しての説得力のある話ができたと、世良は密かに自負するところがあった。

ところが、安藤の反応は世良の予想とは違っていた。彼女はまず、首都圏開発営業部の全社への貢献部分に関して噛み付いた。

「今さらご説明いただかなくても、社の業績が停滞しているのは知っています。でも、それは、他社に対して付加価値の高い製品を提供できないうえに、価格面でも競争力を発揮できないからだと思います。営業部とは関係ない問題ではないでしょうか。それよりも、下期に向けて今やるべきことは、値引きでどれだけ顧客の要望に応じられるか、社内処理の手間や時間をどれだけ少なくするかだと思います」と、そっぽを向かれる始末だった。

経営幹部の議論が噛み合わないのは、皆、本音では「自本部はしっかりやっている。悪いのは他の本部」という他責のマインドが支配しているからだ。そして、その縮図は現場にも、より強固な形で存在する。

(本来は同じ船に乗っている仲間がまるで敵のようだ……)

世良は、まっすぐ自分を睨み返す安藤に、問題の根深さを感じずにはいられなかった。

世良は、それでも半日間、じっくりと安藤に向き合い、真摯に本音で語り合った。しかし最後まで、安藤の持つ他責感を払拭することはできなかった。

だが、1つだけ思わぬ収穫があった。それは、課長の桐島の態度だった。

世良の反省とミニ勉強会の仕切り直し

「部長から最初にミニ勉強会の声掛けがあったときは、正直言って、安藤と同じように感じていました。ですが、部長が自らこのミニ勉強会を企画し、説明される資料までご自身で書かれ、自分の言葉で課題やその解決策を語った。何を言ってもつっけんどんな反応の安藤に対しても、最後まで粘り強く話されていました。数字に関しては以前から聞いていたものでもありましたので驚きはありませんでしたが、部長の行動にはちょっと驚きました。私たち現場の人間も、このまま成り行きに任せていては大変なことになってしまうという危機感をもっと持つべきなんですね。ぜひ、私も部長に協力したいと思います」

ミニ勉強会の後、落ち込む世良に、桐島が声を掛けてきたのだ。藤代と異なり、桐島はより一層、新規の顧客開拓を期待されている立場にある。世良と同様、市場の動きに対する東洋テクノロジーの弱みが見えるのかもしれない。

世良は、安藤の意見が首都圏開発営業部の営業担当のほぼ共通の意見なのだろうと思った。だが中には、桐島のように、世良の本気度を評価し、部長に手を貸してやるかという者も出てくるかもしれない。

　世良にとって、桐島のこの一言は大きなヒントになった。仮に提示した数字が東洋テクノロジーの抱える危機的状況を示す事実であったとしても、最初から当事者としてそれらの数字を受け止められる人材はごく少数なのだろう。世良は今さらながら、以前、上期の振り返りを実施した際、部員の目線の低さや他責傾向に問題を感じたことを思い出した。

　そこで、改めてミニ勉強会の位置づけを、事実の共有と理屈で部員を説得する場としてではなく、桐島のようにリーダーとしての自分に共感し、世良自身も部員との距離感を縮めながら、信頼関係を醸成する機会として捉え直すこ

世良メモ　4

「ミニ勉強会」の位置づけを見直す

✕ 事実の共有と理屈で部員を説得する場

⇩

○ リーダーの熱意、本気さに共感してもらい
信頼関係を醸成する機会

⇩

私がまず事業の当事者なのだと手本を見せて
部員の意見を引き出す

⇩

同志を増やして、一緒にビジョンを描き直す!!

とにした。そして、首都圏開発営業部の責任者として事業の当事者であることを明確にし、熱く自分の考えを語りつつ、部員の意見を引き出すことに腐心した。

最終的にミニ勉強会は突発的な欠席者への対応なども含め、予定より2回多い計8回実施して幕を閉じた。。だが、10名近くの営業担当者と課長の藤代は、何度呼びかけても最後まで業務多忙を理由に参加しなかった。加えて、世良にとってははなはだ不本意ながら、いずれかの形で自発的に協力を申し出てくれた部員は、桐島を含めてわずかに5名だった。

それ以外の部員は、世良から見てまさに「無反応」だった。世良は、一気に変化を生み出すことは難しいだろうと考えながらも、心のどこかに安易な期待感があったことを否が応でも認識させられた思いだった。しかも、本来は全員が事業の当事者であるにもかかわらず、「協力する」というスタンスも世良にとっては物足りなさを助長する要因のひとつだった。

風変わりな援軍

世良は、随分エネルギーを費やしたミニ勉強会が、内心の期待とは大きく異なる結果となったことを持て余し気味だった。特に、２回目以降は、リーダーとして真摯に事業を考え、一緒に事業を良くしていこうという呼びかけを前面に押し出したにもかかわらず、無反応組や業務多忙にかこつけた事実上のボイコットというあからさまな反発組が多かった。これも、世良の気勢を大いにそぐこととなった。

案の定、帰宅してリビングでテレビのスイッチを入れた段階で、すでに夫の表情から状況を読み取った妻のあきほからさりげない一言が飛んできた。

「もう、伊賀くんに電話をしてくれたの？」

「ああ、いや、まだなんだ。ちょっと忙しくてね」

「そう……。でも、すぐにあなたから連絡するからって伝えてあるの。電話しにくかったら彼のメールアドレスをメモしておいたから。多分、最初はメールのほうが、あなたもびっくりしなくていいかもね……。彼、ちょっと変わってるから」

最後のフレーズはよく聞き取れなかったが、有無を言わせず、あきほからメモを渡された。さすがに付き合いが長いだけあって、世良の行動を先の先まで読んでいる。世良は苦笑しながら、「わかった。風呂上がりに早速メールをしてみるよ」と、内心とは裏腹に前向きさを装った。

世良は数少ない楽しみのひとつである熱い湯船に首まで浸かりながら、改めてあきほの申し出を考えてみた。

（確かに、自分は首都圏開発営業部で一番営業というものを知らない。それに出身が企画本部なのだから、営業本部の部員から見れば外様もいいところだ。結局のところ、自分が危機感を訴えれば訴えるほど、周囲が保守的になったり、抵抗を示すのは自然なのかもしれない。それにしても、管理者を含め30名も所属する首都圏開発営業部で、一緒に歩き始めてくれる部員がたったの5名とは……）

「リーダーとしての自分の能力に自信をなくすには十分な数字だな」と、ひとりごちた。

（実際、足りないところだらけなのだろう。やはりひとりで悪戦苦闘しているよりも、素直にあきほの提案を受け入れて、援軍を求めたほうが状況を変えることができるかもしれない。夜分でもあるし、電話ではなくメールのほうがいいだろう）

世良は、あきほの後輩にメールすることにした。少し長めの文章にはなったものの、ミニ勉強会の準備で首都圏開発営業部が抱える課題を整理していたこともあって、メールの作成にはさほど時間はかからなかった。ざっと文面を確認してから、メールの送信ボタンを押した。そして、2人の娘たちが競ってその日の学校での出来事について話すのを聞かされた後、先方からの返事は明日になるだろうと高をくくって、早々に寝室に向かった。

世良は仕事上のストレスが溜まると、やたらと本が読みたくなるという癖があった。といっても、高尚な内容の本は選ばない。せいぜいミステリーやSF小説の類だ。ある意味で現実逃避のひとつなのだろうと、世良自身も認めていた。その日も、最寄駅から自宅に向かう途中の書店で本を仕入れ、ベッドに横になって読もうと考えていた。

いよいよ本を開こうとしたそのとき、リビングから世良を呼ぶ声が聞こえた。「伊賀くんから電話がかかっているわよ」

驚いた世良が目覚まし時計に目をやると、ちょうど22時30分を指していた。

急いでリビングに向かって受話器を受け取ると、「夜分遅くすみません。私、あきほ先輩にお世話になりました伊賀と申します」

「世良です。こちらこそお電話をいただきありがとうございます」

「世良部長、早速ですが、明日少しお時間をいただけますか？」

世良は、電話の向こうの人物からのいきなりの申し出に、さっき聞き取れなかった妻の最後のフレーズが、確か「彼、ちょっと変わっているから」ではなかったかと、ぼんやりと考えていた。

伊賀の一言

「最初から5人もフォロワーがいるなんて幸先がいいですね」

世良は、東洋テクノロジーの会議室ではなく、駅前の喫茶店を待ち合わせ場所に指定した。世良にしてみれば、社内の取り組みを外部のコンサルタントに相談するということに、どこか引け目があったことは事実だった。周囲の目というよりも、あるいは昨夜、湯船で感じた自身に対する無力感がそうさせるのかもしれない。

初対面の挨拶もそこそこに、伊賀が世良に投げかけたのが冒頭の一言だ。伊賀は、あきほの後輩というだけあって、見たところ30代前半といった風情だが、童顔のせいか、正確な年齢はよくわからない。短くした髪型に、童顔をカバーしたいのだろうか、薄くあごひげを蓄え、太いフレームの眼鏡をかけているところが今風だ。きちっとダークスーツに太目のネクタイをしているあたりが、いかにもコンサルタントらしさを醸し出してはいるが、世良から見て何よりも若いなという印象は否めない。

「変わっている」と評されるように、昨夜の突然の電話に世良は驚いた。しかし、その一方で、彼の落ち着いた声の響きから、経験豊富な援軍だと期待していた。だが実際に会ってみて、世良は今、少々心細さを感じている。

世良がそんな風に値踏みしていることも知らずに、伊賀は続ける。

「メールで共有いただいたミニ勉強会は良いアプローチですね。部員を全員集めて一方的に説明して後はよろしくではなく、少人数に分けて双方向で意見を交わしやすくしたり、ご自身で汗をかき、自分の言葉でプレゼンテーション資料を作成したりされたところは、世良さんの本気度が部員に伝わったんじゃないですか？」

世良が改めて部員の無反応や反発に言及すると、伊賀はブラックコーヒーをすすりながら、辛辣な一言をさらりと口にした。

「どうやら世良さんは、一緒に歩んでいこうと前向きに意思表示してくれた人たちの存在より、その他の無反応な人たちや反発を感じている人のほうが気がかりなようですね。それじゃあ、手を挙げてくれた人が浮かばれませんね」

社外でのミーティング

コンサルタントといえば、経営理論や豊富な経験に基づいて、いろいろなアドバイスをしてくれるのではないか。そんなふうに勝手に思い込んでいただけに、当初、世良は肩透かしを食わされたような気がした。なぜなら、伊賀は終始聞き役にまわっていたからだ。

伊賀が口にするのは、「世良さんは何がしたいんですか？」「それはなぜですか？」といった簡単な質問だけ。それを手元に広げたノートに、世良にも見えるように大きな文字で書いていく。先輩の旦那がどんな仕事をしているのか興味津々らしく、世良に質問を投げかけながら、随分楽しんでいるようだ。

しかし……。世良は、いつしか伊賀のノートを覗きながら、自身の考えを整理している自分がいることに気づいた。そうしたヒアリングが1時間以上続いた。その間、伊賀は立て続けにブラックコーヒーを4杯も追加した。このあたりが、彼の風変わりさを物語っている。

伊賀を相手に語るうちに、世良は、自身のビジョンがより明確になっていくのを感じた。それを思うと、心細さはやや薄れ、伊賀に対する漠然とした信頼が少しだけ芽生えたような気がした。

世良はさきほどの疑問を口にした。「伊賀さんは、『5人も賛同者がいて幸先がいい』とおっしゃいましたが、普通はどんな状態なんですか？」

伊賀は、自身のノートに書き綴った世良のコメントや、世良と会話しながら即興で描いたイメージ図などを眺めながら、「普通といっても状況によりますからね。でも、5人の部員は自発的に手を挙げてくれた。世良さんはそうおっしゃいましたよね。そういった部員が1人でもいれば、変革をスモールスタートすることができるんですよ。世良さんは、現状を肯定的に捉えるべきです。逆に、水を飲みたくない馬にいくら水を飲ませようとしても、蹴られるのがオチでしょう」

釈然としない表情を浮かべる世良に、伊賀はさらに追加オーダーした熱いブラックを美味そうに飲みながら付け加えた。

「私は、世良さんが起こそうとしている社内の変化を、少しだけやりやすくしたいと思います。そのためには、まず一緒に歩き始めようとしてくれた5人の部員としっかり向き合うところから始めましょう」

さらに「あきほ先輩には大きな借りがあるんです。こうやって、その借りを返す機会をいただいて本当に光栄です」と、付け加える。

その心の底から嬉しそうな笑顔を見ると、この風変わりな援軍に対する距離感が一気に縮まる気がした。

業務変革をスモールスタート

会社に戻った世良の頭からは、さきほど伊賀から投げかけられた辛辣な言葉が離れなかった。

確かに、自発的に手を挙げてくれた5名の同志と向き合うところから始めなければ、何も進まない。外様の世良にとって、当初から5名の賛同者がフォロワーとなってくれたのも、ミニ勉強会の進め方を途中で見直したからだとも考えられる。もし、桐島のコメントがなければ、部員全員が無反応だったかもしれない。そこまで考えてようやく世良も、伊賀が言った「幸先がいい」という言葉の意味が呑み込めたような気がした。

世良は、何が何でも27名の営業担当者と課長2名に自分を加えた計30名が全員一丸となって、この業務を見直す取り組みを進めるべきだという考えを軌道修正した。そして、業務見直しに協力を申し出てくれた桐島を含む5名の部員と共に第一歩を踏み出すことにした。ただし、他の部員に不公平があっては問題だ。そこで、世良がリーダーとなり、あくまでこの5名を業務改善プロジェクトの当初メンバーとして、活動をスタートさせることにした。

多くの部員は相変わらず無反応だったが、世良は全員に業務改善プロジェクトのことを伝え、「プロジェクトには随時参加できるから、どんどん申し出てほしい」と念を押した。

ともあれ、プロジェクトの第一歩は10月上旬の休日を利用した合宿からスタートする。

世良がミニ勉強会でプレゼンテーションした方針はいったん寝かせ、業務改善プロジェクトのメンバーで改めて、首都圏開発営業部の果たすべき役割や現状抱える課題、課題解決の方向性（首都圏開発営業部の戦略）を明確化することとなった。

第4話　完

よくあるケース9

事業方針を現場に落とし込むのが難しい。

対象者
経営幹部

手間をかけても、方針策定のプロセスに現場マネジャーを巻き込み、双方向の議論によって合意形成を図るという進め方も必要だ。理想論のように聞こえるかもしれないが、従来の指揮命令系統に頼って方針を伝えようとするだけでは、現場の習慣を変えることは難しい。

対処方針

組織を動かし成果を上げるには、方針を理解した現場のマネジャーが「部下に説明、実践に向けて意識づけ」し、適切なマネジメントでその取り組みをフォローするなど着実に実行計画を進めていくことが前提となる。ゆえに、事業方針が徹底されないような事態が生じると、現場のマネジャーの意識やスキルの問題に目がいきがちになる。しかし、事はその部分だけに留まらない。

中堅企業であるにもかかわらず、東洋テクノロジーには大企業さながらの慢性的な慣性の法則がはびこっている。その象徴的な出来事ともいえるのが、世良が企画したミニ勉強会に対して、課長の藤代が「期首に上層部から方針が提示されている」と主張して、異議を唱えたことだ。

だが実際には、世良がミニ勉強会に参加したメンバー一人ひとりに上層部からの方針を確認してみると、満足に答えられた担当者は1人もいなかった。おそらく藤代にしても、ディテールは語れないだろう。世良の前任者が部員と方針を共有していないとは考えにくい。しかし、これは機能不全に陥っている組織にしばしば見られる現象である。彼らにとっては、方針よりも日常の業務のほうが大切なのだ。

また、東洋テクノロジーでも、普段から「事業方針の組織への落とし込み」という社内用語が使われている。「落とし込み」という言葉の意味合いには、方針を提示し会社を動かすのはあくまでも幹部や上位組織であり、現場はそれを理解し実践すればいいというニュアンスが含まれている。事業方針を取りまとめた企画本部が各本部の企画担当者を通じて事業方針を伝達し、現場の管理者から担当者に説明をさせ、実行に移していくという流れだ。その際、担当者から質問や意見、提案があれば、企画本部にフィードバックし、必要に応じて対応することになっているが、通常、質問などが出ることはない。各本部の企画担当者が各管理者に事業方針を伝達する際も、あからさまな反発が出ないように、丸く丸く説明するのが常である。

また、管理者からの説明が本当に実施されているかどうかも定かではない。実施したか否かを報告させる仕組みはあるものの、企画本部では誰もそのことを確認しようとしないからだ。それは、企画本部が自らの役割を、各本部から提出させた計画に社長や幹部の意向を反映し、取りまとめた事業方針を各本部に提示するところまでだと狭く捉えているからだ。極論すれば、後は本部の責任だという感覚がある。

それでも時折、社長と社員との対話会などで、若手による「事業方針を聞いていない」といった無防備なコメントがキッカケとなり、にわかに問題が浮上することもあるが、企画本部や当の若手が所属する本部が火消しに大わらわといった程度で終わってしまう。

だが、このような危機感や熱意が伝わらない伝言ゲームで、企業戦略が現場組織に「落とし込め」て、組織のメンバーの行動に反映できると本気で考えているとしたら、笑止千万だといわざるをえない。現場のマネジャーの能力不足だけを事業方針不徹底の原因と捉えるのではなく、全社組織の戦略実践能力を総点検してみる必要がある。

そのヒントとして、世良の行動を参考にすることもできる。世良は自身で手を動かし、自らの言葉で熱く方針を語り、そのうえでメンバーの意見を引き出しながらブラッシュアップを図る、という双方向のコミュニケーションを心掛けた。だからこそ、幸いにも当初のフォロワーを得ることができた。もし本気で事業方針を徹底したいと考えるなら、どれほどのエネルギーを要しても、方針伝達プロセスの重要な部分で世良の試みを試してみる価値はある。

よくあるケース10

変革に反対するメンバーや無反応層を、まず何とかしたい。

対象者　営業組織の責任者、経営幹部

対処方針　最初に注力すべきは、変革にコミットしてくれるメンバーと共に、変革をスモールスタートすることである。彼らの活動を積極的に支援し、成果につなげ、それをテコに変革の輪を拡大するシナリオを描くほうが、よりスムーズに変革を進めることができる。

皆さんは、部長である世良が自ら汗をかいて、「業務を見直そう」と声掛けしても、その声に応えるメンバーが少ないように思うかもしれない。だが、東洋テクノロジーに限らず、どのような職場でも、変革の火種となる人材が最初から充実しているという状況はあまり見られない。

そのようなとき、リーダーが陥りがちな罠のひとつが、「少数の賛同者よりも多数の無反応者や反発者への対処にエネルギーを費やす」ことである。カリスマ性を備えたリーダーであれば、全社一丸となって変革に取り組むというような大規模な活動を牽引できるかもしれないが、ごく普通のリーダーがメンバーを巻き込もうとする場合、当初から全員が賛同してくれることは難しいと考えたほうがいい。

それよりも、変革にコミットできるメンバーと共にいち早く活動を開始し、何らかの成果につなげることを優先すべきである。活動が成果に結びつけば、無関心を装う他のメンバーにも良いインパクトを与え、いずれは活動に参画してくれるだろう。スムーズに取り組みが進めば、やがて変革活動は加速していく。

こう説明すると、そんな悠長なことを言っていては時間がないと言う幹部もいるかもしれないが、方針に対して共感を抱かないメンバーや明らかに反対している人々に、無理やり活動を強いても、取り組みは減速するだけで、加速することはない。そして鳴り物入りで始めた取り組みも、結局は何も成し遂げられずに終わることになり、時間のムダだったということになりかねない。

「全社一丸となって」にこだわりすぎると、いつまでたってもスタートできないし、スタートしても失敗するリスクが大きい。実際、伊賀が言うように、賛同してくれるフォロワーが1人でもいれば、変革をスモールスタートさせることは可能である。

さらに、変革をスモールスタートしたとしても、自身の声掛けに賛同しなかったメンバーに対して、無理な圧力をかけるようなことはしてはいけない。もちろん、社員としての責任を放棄した悪意あるサボタージュには厳しく対処すべきだが、自分に従わないからといってペナルティーを科すようなことは厳に慎むべきだ。そのような行為は、変革の成功確率を下げるだけで、ほとんどメリットがない。

では、どうすればいいのだろうか。それは、世良のように粘り強く周囲に働きかけて、当事者意識を高めていくことだ。そして、1人また1人と、同志を増やしていく。これは、限られた時間内で変革をよりスムーズに成功へと導くための、きわめて重要なアプローチとなるはずだ。

よくあるケース 11

営業変革を進めるなら、最も売上規模の大きい組織で進めたい。

対象者　営業組織の責任者、経営幹部

対処方針　最初に営業変革に着手する組織を選定する際には、変革への受容性も重視すべきである。変革の受容性は組織を取り巻く環境や組織の危機感、リーダーやフォロワーの資質など、さまざまな要素で評価される。

東洋テクノロジーでいえば、最も重要な市場を担当しているのは、大口顧客層を任されている山野の首都圏法人営業部である。実際、他の営業部の売上高をすべて足しても及ばないほどの売上高だ。しかし、ここ数年、その規模は下降の一途をたどっている。後に判明するが、今期も目標達成は難しいようである。だが、首都圏法人営業部には、従来の営業の進め方を見直し、将来に備えるという自主的な動きはまったく見られない。四苦八苦しながらも変化を起こそうと考え、行動したのは、最も厳しい市場を担当する世良の部だ。

自社の営業組織において、相対的に大きな予算を抱えている部門から変革に着手すれば、その成果も大きいはずだと考えることは誤りではない。しかし、山野やその部下に変革を促しても、なかなか進まないだろう。経営幹部の思惑などつゆ知らず、部員の感覚からすれば、仮に社として業績を回復するために営業活動の進め方を見直す必要があったとしても、それは自分たちが最初に取り組まねばならない課題ではないと、ごく自然に考えているからだ。やりたければ、もっと社に売上高で貢献できていない他の営業部から始めるべきだ。それが、部員の本音ではないだろうか。つまり、首都圏法人営業部は変化を積極的に受け入れるという意識が総じて低い状況にあるのだ。山野に無理に変革を進めさせても、彼らはその指示に従わず、かえって時間がかかったり、尻すぼみに終わってしまう可能性が高いだろう。

このような事態になるのを避けるには、変革への受容性を考慮する必要がある。変革の受容性は、組織のリーダーやメンバーの資質ももちろんだが、組織が直面している危機的状況度合い等にも大きく関連する。自社の営業組織を俯瞰し、どの部門から変革を促していくべきかを戦略的に捉えることはきわめて重要な一歩だといえる。

第5話

フォロワーと共に活動を開始する

変革初期の段階で策定したビジョンや戦略はあくまで1つの仮説に過ぎない。そこで、仮説を検証するための愚直な実践が必要となる。しかし、その取り組みはビジョンや戦略を策定するよりもはるかに険しい道のりとなる。

変革を志すリーダーは自ら第一線に立ち、汗をかくことで模範を示し、組織に本気の実践を促していく。

ミニ勉強会で見えてきたこと

首都圏開発営業部は、結果的に、目には見えない3つのグループをつくることになった。

1つ目のグループは、課長の桐島を筆頭に、世良と共に業務の進め方を見直し、より良い営業の進め方を模索したいと考える人たち。いわば推進派である。この層は一番の少数派でわずか5名。世良を含めれば、組織全体の5分の1に過ぎない。

2つ目のグループは、明らかに世良の進め方にノーの意思を表明している否定派で、その代表格が課長の藤代和人や安藤江梨花である。安藤はともかく、藤代を含む10名近くの部員は業務多忙を理由に、ミニ勉強会にも参加していない。彼らは今までの業務の進め方に問題はなく、あえて変わる必要があるとすれば、それは首都圏開発営業部ではなく、自分たち以外の誰かだと考えている。一概には言えないが、このグループは自分の仕事に自信を持ち、比較的業績も良い部員が多いように感じられる。

最後のグループは、そのどちらにも属さない物言わぬ人たちである。まさにサイレント・マジョリティーで、15名近くいる。当初は、課長の桐島さえも自身の考えを明確に表明していなかったことから考えると、この中立派の部員は今後、このプロジェクトに合流する可能性がある。

プロジェクト合宿の準備

世良としては、すぐにでも否定派や中立派の部員と議論をして説き伏せ、全員で業務の見直しを進めたいという気持ちが強かった。だが、世良はそんな皮算用は止めることにした。ここは、伊賀のアドバイスに従って、「推進派（フォロワー）と共に第一歩を踏み出す」という一点に集中しようと思い直したのだ。それでも、いずれはこの活動に他のグループの部員を巻き込んでいきたいと強く考えていた。

すでに年度の下期に入り、年度末の目標達成に向けて1日でも時間が惜しい。それだけに、休日を活用してのプロジェクトのキックオフ合宿は無駄にしたくない。今後に向けて、プロジェクトとして何をしていくべきなのか、しっかり議論し、意識を合わせたいところだ。

しかし、世良はここで小さな壁に直面していた。プロジェクトでどう議論を進めるべきか、良いアイデアが思いつかなかったのだ。フリーディスカッションではなかなか結論が出ないだろうし、管理者である世良や桐島を交えての議論ではメンバーも本音を出しにくいだろう。

東洋テクノロジーの会議といえば、会議を実施する側が事務局を設け、資料も取りまとめる。当日はその資料を配布し、担当者が説明する間、聞き手は説明とは関係のないページをパラパラとめくって時間を過ごすという風景が目立つ。話し終えた担当者が「何かご質問はありますか」と聞いても、説明も聞かずにパラパラとページをめくってアラ探しをしている間に発見した疑問点を問い質す程度でしかない。しかも、そういった揚げ足取りのご意見番が優秀だとされる風潮さえあった。だが、そのようなご意見番でも発言者がいる場合はまだいいほうで、大抵はシーンと静まりかえり、「では、本件は了承ということで」と次の議題に移ってしまう。

プロジェクトのキックオフ合宿で同じことをやるわけにはいかない――。世良は本気で考え始めた。立ち上げでつまずいている暇はない。

援軍からの申し出

気づけば、社外の喫茶店ではじめて伊賀と話してから数日が過ぎていた。世良は、5名のフォロワーと共にキックオフ合宿を実施することになったことも含め、その後の経緯を伊賀と共有したいと考えた。そこで、空いている会議室を探し、そこに設置された電話から伊賀のオフィスに電話することにした。

わざわざ会議室の電話を使ったのは、自席の電話では、プロジェクトのことを話しにくかったからである。だが実際には、アドバイザーに支援を依頼することに対して、世良の気持ちの中でまだ抵抗もあった。自分自身に無力を感じれば感じるほど、それを認めたくない、受け入れられない自分がいる。

(こういうジレンマは、誰にでもあるものなのだろうか?)

突然にもかかわらず、電話はすぐに伊賀につながった。喫茶店で面と向かって話していると、見た目の若さが気になる伊賀だが、電話ではやけに落ち着いた雰囲気になる。世良が挨拶するより前に、そんな伊賀がさっそく質問してきた。

「どうですか？　前回、打ち合わせした取り組みは進みましたか？」

「ええ。アドバイス通り、フォロワーとなってくれたメンバーと共に業務改善プロジェクトを起動し、今度、キックオフのための合宿を開くことになりました」

「私はアドバイスなんてしていませんよ。すべて世良さんが考えたことです。ところで、キックオフ合宿のゴールは何ですか？」

「私が策定した部のビジョンをいったん棚上げし、改めてフォロワーと一緒にビジョンを明確化しようと考えています。メンバーとの間で、方向感や具体策を合わせるつもりです。合宿のゴールは——そうですね。彼らが全員この事業の当事者になる、というところでしょうか」

面と向かうと、年下の伊賀に対してつい自分の至らぬ部分や本音をガードしてしまう世良だが、電話だとそんな抵抗も感じない。

ここには、この事業の当事者がいない——これは、世良が行動を起こすキッカケとなったあの上半期終了の反省会で、世良が強く感じた問題点だ。今も、世良の脳裏には、あの会議の光景がありありと浮かぶ。「目標が高すぎる」「戦略が悪い」「製品に競争力がない」と、部員の口から洩れてきた本音はいずれも自省につながるものではなく、他責の色合いが強かった。

「この事業の当事者が1人でも2人でもいてくれたら……」それは、そのときの世良が感じた本音だった。

そして今、当事者になってくれそうなメンバーが5人いる。彼らはまだまだ「協力します」と、どこか他人事のような意思表示をしたに過ぎない。だが、まちがいなく自分と同じ目線を持ち、問題意識を共有できる——世良はそう期待していた。「当事者をつくる」という言葉が、伊賀の質問によって、まるで世良の記憶の深層から鮮やかに浮かび上がったような気がした。

「フォロワーの当事者化ですか！　それはいいですね。それで、どうやって当事者化を図るのですか？」

「そうですね……、先ほどお伝えしたように、改めて私を含めて全員で首都圏開発営業部のビジョンを議論したいと思います」

「なるほど。でも合宿は半日か1日で実施するんじゃないですか？　だとしたら、進め方を工夫しないと、中途半端に終わってしまいかねませんね。何か効果的な進め方はありますか？」

「皆で休日に集まって、1日で実施しようと考えています。でも、正直言って悩んでいます。いつもの会議のような進め方ではなく、もっと参加者の発言を引き出せるような方法がないかと……」

「世良さん、どうでしょうか。私もその合宿にまぜていただけませんか?」

プロジェクト合宿の模様

世良は、外部の支援者に助けてもらうことに奇妙な抵抗を感じていた。だが、伊賀の質問があったにせよ、自ら発した「彼らを当事者にしたい」というアイデアが、その逡巡を断ち切った。

1日という限られた時間内に、メンバー同志が本気になって議論を重ね、合意形成をし、一定の結論を導き出す。このプロセスを経て、彼らをこの事業の当事者にしたいと、世良は心底そう考え始めた。そのためには、リーダーとしてなりふり構わず、使えるものは何でも使おう。一瞬でそう割り切った世良は、伊賀に合宿の日程を告げていた。伊賀から、今日最後の質問があった。

「世良さん、合宿会場の近くには旨いコーヒーが飲める店はありますか? できれば、ポットで出前をお願いできる店があるとうれしいのですが……」

数日後、ついにプロジェクトのキックオフ合宿の当日となった。早朝の寒さが少し厳しくなってきているが、よく晴れた気持ちの良い朝だ。幸いにも、世良も、桐島も、他のメンバーも、誰ひとり欠けることなく参加することができた。むろん、伊賀も遅れずに姿を見せた。

その伊賀は、休日にもかかわらずダークスーツに太目のネクタイという姿で現れた。右肩には長く太い筒状のケースを掛け、右手で青いキャリーケースを曳いている。そのうえ、変わり者の面目躍如といったところで、左手にコーヒーショップのロゴが入った大きな業務用のポットを持っていた。その姿を見た世良が、メンバーに伊賀をどう紹介しようか、一瞬躊躇したことは言うまでもない。

丸1日かけて議論した成果は、十分に満足できるものだった。お互い打ち解けて話せる雰囲気をつくり出す伊賀によるアイスブレイクの後、「皆さんはどんな首都圏開発営業部を実現したいんですか？」という伊賀からの問いかけに、メンバー一人ひとりが自身の思いを付箋紙に書き出し、ディスカッションをしながら模造紙に、プロジェクトとしてのビジョンをまとめていく。

伊賀の風変わりなキャラクターは、すぐに若いメンバーの共感を呼び、メンバーも楽しみながら議論を進めることができた。何より、議論の結果が模造紙の上に具体化され、その結果を踏まえて、次の議論に発展していくという流れが、議論を進める意欲を生み出していた。

世良の見たところ、どうやら昼食時に姿を消した伊賀は、コーヒーポットの中身を補充してきたようだった。プロジェクトのメンバーにも熱いコーヒーを振る舞っていたが、伊賀は少なくとも、午前中だけで6〜7杯は飲んでいる。一体、1日に何杯コーヒーを飲むのだろうか？

次回からは、こちらでコーヒーを用意しておこうか——。世良は、伊賀とメンバーの議論を眺めながらそう考えていた。

その日、議論は5つの部で構成された。第1部は首都圏開発営業部のありたい姿、第2部は現状把握、第3部は首都圏開発営業部の抱える課題、第4部は課題を解決する方法、つまり課

世良メモ 5

推進派と共に第一歩を踏み出す
キックオフ合宿を成功させるために

合宿のゴール

参加者全員が、この事業の当事者になる

↑

本気で議論を重ね、合意形成をし、
一定の結論を導き出すことで

ディスカッションの進め方

ありたい姿 → 現状把握 → 課題 → 解決策 → 具体的プラン

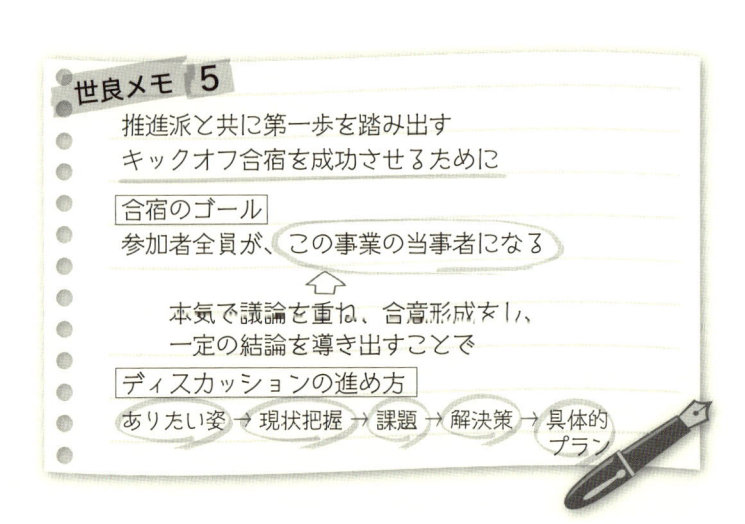

題解決策、そして、第5部は課題解決を具体化していくアクションプランである。さすがに時間的な制約から、第5部の具体性がやや欠けると感じたものの、プロジェクトメンバー全員が集中力を切らすことなく丸1日議論したことに、世良は達成感を覚えていた。

窓の外が薄暗くなった頃、世良をはじめとするプロジェクトメンバーに対し、伊賀から最後の質問が投げかけられた。

「それでは皆さん、最後の質問です。皆さんは、今日議論したことを本当に実現しますか？」

「実現したいですか」ではなく、「実現しますか」との問いに、メンバーは一瞬怯んだ。だが、その後のメンバーの反応は言うまでもない。

後は、これを明日から実践していくのみだ。議論した結果に満足したとしても、それを実践しなければ絵に描いた餅に過ぎないのだから。

(帰ってあきほに報告しなければな――)

世良はそんなことを考えていた。

いざ、仮説検証のための実践へ

世良にとって、メンバーと一緒にここまで集中して議論し、結論に対して彼らのコミットメントを引き出せたのははじめての経験だった。こういった議論の進め方を東洋テクノロジーの会議に持ち込めないか――。世良は合宿の途中から、そんなことも考えていた。その感想を伊賀に正直に伝えると、「今日試していただいたディスカッションの進め方は、ぜひプロジェクトでどんどん活用してください。私としてはそれが何よりの報酬です」そう言うと、伊賀は童顔にニコリと笑顔を浮かべた。

現地で別れた伊賀は、いそいそと遠ざかっていった。その後ろ姿から、どうやら仕事の後の一区切りに、馴染みの店にコーヒーを飲みに行くらしい。やはり彼は変わっている。

合宿の帰り道、同じ電車になった入社6年目になる橘が、世良に少し興奮気味に話しかけてきた。

「部長、私は入社して随分経ちますが、部長や課長が自ら議論に参加して一緒に考えるなんて光景を一度も見たことがありません。部長や課長はいつも指示する側にいらっしゃるものと感じていました。それに、私たちの意見が取り上げられるなんてこともまったくありませんでした。私たちの議論に付き合ってくれた伊賀さんに喜んでもらうためにも、ぜひ、プロジェクトを成功させたいですね」

世良はおかしくなった。そう言う橘も、ミニ勉強会の中で世良に協力を申し出た口だ。それが合宿に参画した結果、協力者ではなく、文字通り「ぜひ、プロジェクトを成功させたい」という当事者になった。実践による仮説検証に少しだけ手ごたえを感じた世良は、月曜日が待ち遠しくなった。

翌週から、プロジェクトメンバーは各々の営業活動と並行し、目指す首都圏開発営業部を実現するための課題解決プランを実践していった。具体的には、プロジェクトで議論した顧客の真のニーズを掘り起こす営業活動の実現だ。

むろん、にわかに目立った成果を上げることは難しい。だが、当事者となったメンバーによる継続的かつ愚直な取り組みが、この後、プロジェクトを大きく変える『あるヒント』を与えてくれることになる。

第５話　完

よくあるケース 12

プロジェクトを効率的に進めるためには、事務局サイドで検討資料をつくりこむ必要があり大変だ。

対象者 営業組織の責任者、経営幹部

対処方針 実際に成果につながった変革活動を見てみると、メンバーの前向きで活発な議論が欠かせないことがわかる。検討資料をつくり配布するだけでなく、少し遠回りになったとしても、重要なテーマに関しては、メンバーでゼロから議論を積み上げる場を持つようにすべきだ。また、こうした議論を円滑に進めるためには、社内に優秀なファシリテーターが必要となる。そのような人材を養成することも、組織として重要な取り組みとなる。

社内プロジェクトなどに取り掛かると、とかくプロジェクトの事務局が議論の叩き台となる資料を用意周到に準備し、会議当日に「メンバーに説明する」という流れになりがちである。そのような会議では、一部の参加者から資料に関する質問や意見は出るものの、あまり議論が発展せずに終わるという結果となることが多い。これは、よく会議で見られる風景である。

業務変革を推し進めるようなプロジェクトでは、メンバーの創意工夫や実践をいかに引き出すかがポイントとなる。伊賀は、丸1日の議論の流れを事前に検討し、付せん紙や模造紙といった小道具をうまく使いながら効率よく効果的に議論を進める方法を設計した。その結果、メンバー全員が集中して議論に参画し、解決策や具体化のプランまで一定の結論を得ることができた。しかも、全員で合意形成しながらである。

合宿最後に、伊賀が投げかけた質問に対して、メンバー全員が各々の顔を見ながら力強くうなずいたが、これこそまさにプロジェクトの当事者が生まれた瞬間といえよう。

業務に限らず、事業や組織風土を変革していくうえで、優秀なファシリテーターの存在と綿密に設計された議論の場は欠かせない。今回は伊賀がファシリテーター役を担ったが、この後、世良や課長の桐島がその役割を引き継いでいくことになる。

なお、ファシリテーターとは会議など複数の人が集う場で議事進行を務める人のことを指す。中立的な立場を守り、参加者に対し積極的な議論の参画を促したり、理解を促進するために、それまでの議論の流れを整理するなど議論を活発化しながら合意形成を図っていく役割を果たす。

よくあるケース 13

リーダーとして方針を示したので、具体化に向けた議論はプロジェクトメンバーに任せたい。

対象者

営業組織の責任者、経営幹部

対処方針

部長や課長という管理職にあっても、変革を牽引するリーダーがディスカッションに参加せず、議論を人任せにするのはよくない。自らファシリテーター役を担うか、メンバーと共に議論に参加して、メンバーのより一層の積極性を引き出す必要がある。

もはや手持ち時間の限界に近づいている世良は、何よりもメンバーと一緒に徹底的に議論し、課題解決のためのアクションプランを明確化しておきたいと考えていた。それは、是が非でも取り組みを実践フェーズに移したいと考えていたからである。むろん、その取り組みを実践したからといって、すぐに目立った成果につながらないことは、素人である世良も理解していた。

課題解決のためのアクションプランとは、仮説を検証するプロセスである。プロジェクトで議論した顧客の真のニーズを掘り起こす営業活動を実践し、その仮説が正しかったことを検証する、あるいは仮説に誤りがあるのなら軌道修正し、さらに検証していく。世良は、このような愚直で継続的な取り組みが成果につながるはずだと考えた。

だからこそ世良は、その第一歩として、メンバーを主体的に議論に参加させ、彼らのアイデアを採用するよう工夫したのだ。また、世良は、そういった活発な議論を実現すべく、自らも議論に参画した。その結果、プロジェクトのキックオフ合宿に参加したメンバーは、この後、苦労しながらも一人ひとりが着実に実践を重ねていくことになる。

実は、世良のその後の姿勢も、メンバーのさらなる積極性を引き出す結果につながっている。次章では、世良は自ら営業の最前線に立ち、以前取引先を他社に変更した新葉電器を相手に営業活動を実践する。詳細は次章以降に譲るが、なかなか成果が上がらなかったプロジェクトメンバーも、彼の行動を目の当たりにして、さらに取り組みを進めていくことになる。

経営幹部や営業組織の責任者がどれほどビジョン・戦略を示したとしても、後方から指示・命令するだけでは、現場はついてこない。だが、そうした現状を認めたくない経営幹部もまた多い。

第6話

実践を通じて宝石を探し出す

他社から参考にされるようなビジネスモデルの多くは、必ずしも当初から完成品としてデザインされていたわけではない。優れたビジネスモデルやロジックの実現には、市場で生き残るために徹底して実践する仮説検証活動が不可欠なものである。

逆にそういった組織的な活動を実施できない企業は、いずれ確実に衰退する。変革を志すリーダーは、本気の仮説検証活動を通じてブレイクスルーにつながる「宝石」を探し出そうと試みる。

プロジェクトメンバーによる議論

キックオフ合宿の最も重要な結論は、新たに設定した「首都圏開発営業部の役割」に端的に現れている。もちろん、それは世良を加えた6名のプロジェクトメンバーによる結論であり、現段階では首都圏開発営業部の部員全員の賛同を得ているわけではない。

実は、その結論とは、言葉こそ違えど、世良が着任3カ月後に実施したミニ勉強会の前に自分なりに考え、勉強会に参加した部員に訴えたものとほぼ同じ内容だった。だが、ミニ勉強会では、世良が参加者に首都圏開発営業部の役割を訴えても、現プロジェクトメンバーを含めて前向きな反応は一切なかった。

にもかかわらず、合宿のような場所で一緒に議論を深めてみると、案外向いている方向は同じだということがわかる。

「だとすれば――」仮に質疑応答の時間を取ったとしても、常日頃から会社の進むべき方向性に関してこういった活発な議論が実施されていない中で会社方針を伝えたとしても、組織は動かないのではないか。

世良は、企画本部時代の自身の取り組みを反省せざるをえなかった。「あのとき、現場の管理者や部員と一緒に徹底的に議論して方向性を合意できていれば、あるいは少しでも状況を変えることができたのかもしれない」

企画本部長であり取締役でもある藤堂との関係を考えると、この伝統的な価値観を大切にする会社で、世良が企画本部に戻ることは二度とないだろう。だが、もしもう一度、その役割を担えるのなら、あるいは。

従来の首都圏開発営業部の役割は、顧客を取り巻く市場が堅調に拡大していくことを前提にしている。つまり、顧客が新製品を次から次へと開発し市場に投入することで事業を拡大するというビジネスをどんどん進めていくことが前提となっている。

したがって、顧客が東洋テクノロジーの営業担当者に対して求めているのは、品質基準を満たした製品を短納期、低価格で安定的に提供できることだ。かつて技術トレンドやニーズをいち早くキャッチし、顧客に提供してきた強みよりも、顧客を取り巻く市場の勃興によって、一転して、安定した製品の供給力が求められるようになったのである。ある意味、東洋テクノロジーは顧客の求める要求に応えるために、適応を果たしたのだといえなくもない。

だが、その後、顧客を取り巻く市場環境は大きく変わった。「良い製品をつくりさえすれば売れる」という神話が崩れたといっても過言ではない。ゆえに、市場で一定のシェアを維持し続けるためには、常に他社とどう差異化を図るかを深く追求しなければならないし、製品以外のプラスアルファ、たとえば他社よりも付加価値が高い製品・サービス、あるいはネットを使った付属サービスなども求められる。

そうなると、自社の製品を構成する部材を納める発注先に対しても、自ずと求める役割やニーズが変化してしかるべきであろう。しかし、東洋テクノロジーはそのような顧客を取り巻く環境の変化にも、それに適応しようとする顧客そのものの変化にも鈍感だった。

業務改善プロジェクトが定義した首都圏開発営業部の新たな役割。それは、現状の「お客様が指定する部材のサプライヤー」から、もう一歩顧客の懐に踏み込み、「お客様の課題解決のパートナーになろう！」というものだった。そして、それはプロジェクトメンバー全員の一致した意見だった。

顧客のパートナーになるためには

思い出すのは、8月下旬に訪問した新葉電器の資材調達部責任者、鬼頭氏からの指摘だ。鬼頭氏は「担当者を通じて当社の抱えている問題を伝えているのに、御社からは一切提案がない」と、厳しく指摘してきた。まさにその一言が、プロジェクトのメンバーが仮説として設定した新たな首都圏開発営業部の役割定義がまちがっていないことを裏付けている。

その一方で、「お客様の課題解決のパートナーになるために何をするべきか」という議論の結果出てきた解決策は、プロジェクトメンバーに言わせると「きわめて平凡な内容」だった。具体的にいえば、お客様の声を徹底的に「聴き」、その声を分析して「考え」、その課題を解決するための企画提案書を「描く」ことだ。プロジェクトのメンバーは、その「聴く・考える・描く」の3つを「パートナーの基本動作」と名づけた。

そんな名前をつけたのは、議論の結果を眺めながら「ちょっと結論が当たり前すぎますかねえ……」とつぶやくメンバーに対して、ファシリテーター役を買って出てくれた伊賀がこう促したからだ。「では、この解決策に皆さんなりの名前をつけてみましょう。そうすれば、皆さんにとって特別な取り組みになりますよ、きっと」

その結果、メンバーの中から出てきたネーミングが「パートナーの基本動作」だったのだ。確かに、こうやって自分たちなりの名前をつけてみると、愛着も湧いてくるし、何か特別なアイデアのような気がしてくるから不思議だ。

プロジェクトメンバーは、まずこの基本動作を徹底して実践することで、お客様のパートナーとしての信頼を獲得することができ、結果として業績を回復していくことができるという仮説を立てた。

世良メモ 6

お客様の課題解決のパートナーになるために

〈命名〉パートナーの基本動作

- お客様の声を徹底的に「聴く」
- お客様の声を分析して「考える」
- 課題を解決するための企画提案書を「描く」

〈目的〉

基本動作を徹底し、顧客の信頼を獲得

➡受注拡大

援軍からの思わぬフィードバック

当初、世良自身は、メンバーが言うほど「パートナーの基本動作」を、平凡で当たり前だとは思わなかった。それは、着任以来、東洋テクノロジーの営業本部において、こういった営業としての当たり前ができていない状況をつぶさに目にしてきたからだろう。

提案書と称しているが、その実態はパンフレットに毛の生えた程度の製品の紹介資料が多いのではないか──。世良はそういった違和感をこれまで抱き続けてきた。これでは、顧客が抱える課題をどうやって解決するのか、わかりづらい。それ以前に、顧客が抱えるやりたいことや悩みごとを聞こうとしていない。そういう意味では確かに、「基本動作」は東洋テクノロジーの営業フロントが抱える問題点に相違なかった。

だがそんな世良でも、日が明けて議論直後の高揚感が薄れるにつれて、「『パートナーの基本動作』もいいけど、ちょっと地味なんだよなあ──」と、感じないでもなかった。自社ではできていないかもしれないが、他社ではできているのではないかと思えてきたのだ。他社に競り勝って業績を向上していくためには、もっと何かレベルの高い取り組みが必要なのではないか──。世良に少しばかり迷いが生じた。

世良は早速、先日のお礼を伝えることも兼ねて、風変わりな援軍に相談することにした。合宿を共にしたことで、伊賀への信頼度は十分に高まっている。伊賀への電話はすぐ本人につながり、伊賀の落ち着いた声が耳に届いた。世良は、改めて合宿の成功を感謝し、抱えている心配事を伊賀に伝えた。

しばしの沈黙の後、伊賀はいつものように質問を投げかけるのではなく、世良へのフィードバックを口にした。

「キックオフ合宿に参加し、御社の置かれている現状がよくわかりました。大きく変化しつつあるマーケットと伝統的・保守的な変化を拒む風土が根強く存在する社内。とりわけ、市場の動きに敏感であるべき営業本部においてその傾向が強いようですね。おそらく、営業組織や営業活動のあり方にも、これまでの伝統に基づいた固定概念がありそうだ。そうなると、これから業務改善プロジェクトが取り組む内容は、業務改善と表現するよりも、やはり営業活動そのものの変革なんじゃないかと私は思います。つまり、世良さんが業務改善プロジェクトメンバーと共に変革を推進することになります」

これまで、世良には自分で何かを変革するといった大げさな意識はなかった。確かに巷では、今までのビジネスのやり方では業績向上どころか事業の継続性を確保することが難しく、新しいビジネスを実現するための企業変革、事業変革、業務変革などを推進しなければ、というメッセージが溢れていた。だが、企画本部で経営幹部をサポートする立場にいた世良をしても、これまでは東洋テクノロジーという会社において「変革」などというキーワードは縁遠いものだと思われてならなかった。

「話にお聞きする御社の社風を考えると、私は、まず世良さんご自身が変革を牽引するプロジェクトのオーナー兼リーダーになるという自覚を持つ必要があると思います」

「変革を牽引するリーダーですか？」

「その通り。ぜひその自覚を持ってください。御社のような内向きな社風の会社で、ミドルマネジャーが変革を進めようとすると、大抵ひどい目に遭うものです」

「は？　えっ？」

「それでも、リーダーは自分で考え、決断するほかないんですよ。私が世良さんのご懸念にお答えすることはできません。次の一手も含め、まずはご自身で考えてみてください。この先、どうにも対処できない壁に突き当たったら、改めてお声掛けください」そこで通話が切れた。

電話を掛ける前に感じていた伊賀への信頼感がぐらつき、「彼って少し変わっているから」と言うあきほのつぶやきが、今さらながら脳裏に鮮明に蘇った。

仮説検証の第一歩

信頼し始めた伊賀から突き放され、世良は奇妙な孤独感を覚えた。しかし元来、援軍を良しとしなかった自分がいたことも事実で、少々複雑な思いもする。だが、伊賀のフィードバックはうなずける部分もあったし、彼は支援を約束してくれたのだから、風変わりだがあるいはこれも彼流の支援なのかもしれないと思い直すことにした。

世良の懸念、それは「パートナーとしての基本動作という取り組みをしっかり続ければ、本当に他社に競り勝つことができて業績向上につながるのか？」という仮説への漠然とした疑問だった。だが、現時点で知恵を絞って何らかの要素を仮説に加えても、いたずらに仮説を複雑にするだけだ。まずは、メンバーが「パートナーの基本動作」を徹底できるように支援することが先決であると腹を括った。

仮説検証の第一歩として実施したのは、首都圏開発営業部員が過去半年間に顧客に提示した提案書の実地調査だ。営業本部全体では、顧客に提示した提案書は社内サーバーの所定の場所に顧客ごとに整理し共有することになっているが、全員がその手順を遵守しているわけではない。世良も着任早々あまりの共有率の低さにマネジメントのしにくさを感じ、それが上半期の世良のテーマであった「営業活動の見える化」の狙いのひとつにつながっていた。

営業担当者が少なく見積もっても隔週に1件は顧客に提案するとして、半年であれば部全体で300件以上の提案書が集まっていてもおかしくないはずだが、共有されていたのはその3分の1以下の94件であった。むろん、実際に半年でどれほどの提案書が作成されたのかは、現時点では把握できていない。

提案書の数も問題だが、それよりもその内容に、世良はこれまで以上に危機感を強くした。傾向を把握するために、提案書94件を山積みにして、プロジェクトメンバーと共に1件ずつ仕分けをしてみたところ、80％以上のものが「提案書」というよりも「見積書」と呼ぶべきものであることがわかったのだ。また、残りの20％も、自社製品の紹介と価格表がついているだけだった。

提案書の中にお客様が抱える問題点や課題に言及したものはほんの3件だけで、それもきわめて簡単な内容である。分析されていないし、解決策ではなく、そのまま自社製品の紹介につながっている。さらに、提案書は使い回しをされているようで、同じページに共通の誤字が見られるものもある。文字のチェックもなおざりだ。提案書を軽視する傾向がこれほど強いとは――。

これでは、首都圏開発営業部がお客様の状況を捉えて適確な営業活動ができているとはとうてい思えない。だからこそ、第一歩として「パートナーの基本動作」は徹底しなければならない。

世良は決意を新たにした。

仮説検証のための実践へ

メンバーは、実態を把握することで、首都圏開発営業部にとって「パートナーの基本動作」を徹底することがきわめて価値があることだと、改めて確信を強めた。確かにかなり地味かもしれないが、顧客のパートナーになるための前提ともなる行動である。奇妙な形ではあったが、メンバーが基本動作を行動に移す良いキッカケとなった。

だが、世良の脳裏には、伊賀のフィードバックがこびりついていた。

①社風を考えると、世良自身が変革を牽引するプロジェクトのオーナー兼リーダーとなる必要がある。
②だが同時に、わが社では変革を牽引するリーダーはひどい目に遭うだろう。
③だからこそ、リーダーとしてまずは自分の頭で打ち手を考えろ。

それに、「壁に突き当たる」とも伊賀は予言している。だが世良は、営業の進め方を見直し改善することが伊賀のいう変革に該当するとはとうてい思えなかった。

「そんなに大仰なものなのだろうか？」だから、2番目のコメントは余計にピンとこなかった。それでも、伊賀のフィードバックが頭から離れない。世良にとっては、3番目の「リーダーとしてまずは自分の頭で打ち手を考えろ」だけが、現時点で納得できる部分だった。

実地調査の結果を踏まえ、課長の桐島を含めたプロジェクトメンバーの5名は、各々が設定した顧客に対してパートナーの基本動作を積極的に仕掛け始めた。

では、自分はリーダーとして彼らの取り組みをどうやって支援したらいいのか——。世良の取った行動は、仮説をぶつけるターゲットを1社選び、自ら検証活動を実践することだった。プロジェクトのオーナー兼リーダーであり、部長である自分が率先して動くことがメンバーにも良い影響を与えるだろうとも考えたが、それ以上に自分でやってみなければパートナーの基本動作の有効性を判断できないと思ったのだ。世良は、仮説検証のターゲットとして因縁の新葉電器を選択した。

8月下旬に、資材調達部責任者の鬼頭氏より「下期には発注先を他社に変えたい」と伝えられてから何度か説得を続けてきたが、とうとう9月中旬、新葉電器のある製品に使用する資材の調達案件が他社に流れてしまった。

これは社内的にも大きな問題となった。しかも、「世良は一体何をやっているのか」と、長門専務が漏らしたという噂も聞こえてきた。迷惑な「素人部長」のあだ名で呼ばれるようになったのも、この頃だ。世良としては言いたいことは山ほどあるが、今はすべての責任を引き受けて腹を括るしかないと判断した。そういった背景もあり、改めて原点に返って、鬼頭氏の抱える問題に向き合おうと考えたのだ。

すでに11月初旬。早速鬼頭氏にアポイントを取り、まとまった時間をもらった。東洋テクノロジーへの不信もあって他社に発注先を変更したものの、世良の熱意には感じるものがあったようで、アポイントには気さくに応じてくれた。

世良は、プロジェクトのメンバーと議論し、お客様の声をヒアリングする方法を決めていた。白紙のA３用紙を10枚ほど持参し、聞いたコメントをお客様の目の前で、その紙に書き出しながらヒアリングするという方法だ。

実はこれは、世良が伊賀のヒアリング手法にヒントを得て発展させたものだ。どうせ見せるならノートに書くよりも大きなA３用紙を使ってみたらどうだろうかと。世良は、伊賀のヒアリングを受けながらインスピレーションを得ていたのである。

こうすれば、お客様の声をしっかり聴くというスタンスがわかりやすく伝わるし、お客様の声を漏らさず持って帰ることもできる。伊賀はメモをさりげなく世良に見せていたが、顧客のパートナーになるためには、わかりやすさをアピールすることも必要だと考えていた。

メンバーのひとりは、手間を省くためにＩＣレコーダーを使ってはどうかと提案したが、ＩＣレコーダーではお客様が本音で話してくれないのではないかという危惧もある。アナログな方法だが、ここは紙にペンを使いながら、お客様の抱える問題点や課題を目の前で書き出していく進め方を採用することにした。

さらに、営業担当者が自分の聞きたい質問だけをして、それにお客様が答えるというやり方ではお客様の真意を聞き出すことは難しい。そこで、これも伊賀による質問をテコとしたコミュニケーションスタイルを見習い、こちら側からは「お困りごとや、やりたいことをお聞かせください」とか、「他にありませんか」程度に抑えることにした。あくまでもお客様に語っていただく場を意図的に創出しようと、プロジェクトのメンバーと申し合わせたのだ。

そして驚いたことに、世良はこの手法によって1時間半にわたり、鬼頭が抱えている問題点や課題をヒアリングすることに成功した。ヒアリングの最後には、「世良さんにいろいろ問題点を話していたら、自分でも随分頭の中の整理ができました」といった肯定的な反応を得られたほどだ。

もちろん聞いた問題点や課題のすべてに対して東洋テクノロジーが応えられるわけではないものの、少なくとも新葉電器の課題解決パートナーとして何をすべきなのかという方向性は見えてきた。世良は、早速企画提案書の作成に着手した。

実践から見えてきたこと

世良の成功を受けて、メンバー全員が、お客様の課題解決パートナーになるという高い目標に対して意識して「パートナーとしての基本動作」を実践していくことになった。また、単に聞くという漠然としたやり方ではこれまでとなんら変わらないことから、A３用紙を使ったヒアリングの手法をメンバーと議論してつくり、それを使って試したところ、お客様の賛意を得たケースもあれば、自社の抱える問題を「東洋テクノロジーさんに話しても仕方がない」と拒絶されてしまったケース、いざ始めてみたら途中でヒアリングを打ち切られるといったケースなど、さまざまな結果が得られた。

そこで、各自が実践した結果を持ち寄り、11月中旬に、半日のプロジェクト合宿第２回目を実施することにした。

今回は伊賀には頼らず、課長の桐島と進め方を検討し、世良自身がファシリテーターを務めて合宿を進行してみた。すると、一部にはネガティブな反応を示すお客様もいるものの、概ね東洋テクノロジーの営業担当がヒアリングをすることに対してポジティブな反応を得られていることがわかった。さらに、すでに苦労して作成した企画提案書をぶつけてみたお客様から、今後に期待する旨の良い反応が得られた事例まであった。

まだ具体的な新規契約につながっているわけではないが、メンバーらは閉塞感を打破する、小さいが貴重なヒントを見つけ出したような前向きな気分を味わっていた。そして、何よりも第2回目の合宿の最大の収穫は、今後の進め方に大きく影響を及ぼす観点が得られたことであった。

それは、メンバーの橘の発言がキッカケだった。実は橘は、お客様から悩みごとややりたいことのヒアリングを途中で打ち切られてしまった当の本人だった。他のメンバーが大なり小なりヒアリングを成功させて企画提案書の作成に入るなか、新たに仮説をぶつけるお客様を探す状態を余儀なくされていた。

「お客様から課題のヒアリングを断られたのには理由があるんでしょうね……」

橘がとボヤくのを桐島が受けて、「そうなんだよね。俺も1社、疎遠になっていたお客様にヒアリングをお願いしてみたら、断られたんだ。お客様が本音で語ってくれるような信頼感というか、そういったものがないとヒアリングを実施するのは難しいんだよね」

橘が大声を出したのはその直後だった。

「桐島課長、だったらパートナーの基本動作だけじゃなく、もっと手前の段階から営業の進め方を見直すべきですよね。それに、企画提案を実施した後も、お客様にご発注いただいたり、そのまま長くお付き合いをいただくためにその後に続くフォローも全般的に見直すべきでしょう！」

実はそのとき、傍らで2人の会話を聞いていた世良も同じことを考えていた。一般論ではなく、東洋テクノロジーがこれからお客様の課題解決パートナーになるためには、「聴いて、考えて、描く」だけでなく、その前後の工程を含めて営業の流れを全般的に見直す必要があるのではないか。むろん、最初からすばらしい営業の流れを見つけることは難しい。だから、その流れを部全体で改善し続け、磨き上げていく必要があるのではないか。

第2回目の合宿は、A3用紙を使ったヒアリングがビジョン実現に向けた小さなヒントだという手ごたえを共有するとともに、橘のぼやきが端緒となってプロジェクトの取り組みテーマの見直しにまで発展した。若干の残業時間を追加したものの、ようやく新たなプロジェクトの実践プランができあがった。

営業活動のプロセスを全般的に見直し、顧客の課題解決のパートナーになる。これはプロジェクトのメンバーがたどり着いた業績向上のための突破口であった。まさに実践を通じて発見した、小さな小さな「宝石」だ。

だが、その実現がいかに大変なことか。世良や桐島、メンバーたちがその壁に直面するのはこの後だった。そして世良は、その苦労の中で、ようやく伊賀による3つのフィードバックの意味を理解することになる。

第6話　完

よくあるケース14

変革プロジェクトの議論から、これまでにないすばらしいアイデアが出てこないので困っている。

対象者

営業組織の責任者、経営幹部、将来リーダーを目指すフォロワー

対処方針

一見、平凡なアイデアに見えても、徹底して実践してみると、そこから連鎖的に新しいアイデアが生まれることがある。現時点で画期的じゃないからダメだではなく、実践の中からきらりと光るアイデア、つまり「宝石」を探し出すことこそが重要なのだ。

橘がお客様にヒアリングを断られたのは、ヒアリングに応じることに価値を感じてもらえなかったことが大きい。では、なぜ価値を感じてもらえなかったのか。それは、橘のこれまでのお客様への対応が大きく影響している。

営業成果というのは、営業活動の過程で何をしてきたかということの結果である。したがって、プロセスを無視して結果だけをクローズアップしても、問題を解決することはできない。世良は、これまでのように、部員一人ひとりが我流で営業活動を進めるのではな

く、部として営業のプロセスを最適化し、皆で実践していかなければ、期待通りの成果をコンスタントに生み出し続けることが難しいのではないかと気づいた。物語では、この2回目のプロジェクト合宿の結論が、その後の取り組みを大きく変えていくことになる。

このように、初期仮説を実践することで見えてくる新しい要素は数多くある。だからこそ、そうした要素を踏まえ、新たに仮説を立て、プロジェクトの取り組みを柔軟に見直していくことが重要となる。ただし、本気で実践を続け、考えなければ、そういった貴重な「宝石」が見つかることはない。事例として紹介される優れたビジネスモデルも、そういった取り組みから発掘された「宝石」が組み合されたものが多い。

よくあるケース15

プロジェクトのメンバーが本気で実践してくれない、実践が続かない。

対象者　営業組織の責任者、経営幹部

対処方針　メンバーに本気の行動を促すなら、時にはリーダー自らが率先垂範することが求められる。リーダーが指示するだけでプロジェクトの決定事項が実践されるのならば、これほど楽なことはない。

変革の方向性を示し「後はあなた方しだいだ」「アクションプランの進捗はこのシートで管理しよう」では、本気の実践を引き出したり、実践を継続していくことは難しい。大なり小なり、変革の牽引に成功したリーダーは、要所において、自ら汗をかき率先垂範行動を取っている。リーダーのこの率先垂範行動は、特に変革に着手した立ち上げ時期や、後に解説する「暗いトンネル」を手さぐりで進む時期に強まる傾向がある。

業務改善プロジェクトのメンバーとの議論を経て具体的な初期仮説を得た段階で、30人のメンバーを統括する部長職にある世良が、メンバーの手を一切借りずに自ら新葉電器の鬼頭氏への企画提案書を作成し提案に赴いた、この行動は大きな意味を持つ。

変革の初期段階では、ひとたび当事者のマインドを持ったプロジェクトのメンバーであっても、計画した行動を主体的に持続させるにはよほどの意志の強さが必要となる。世良は、そういったメンバーの内面に気づいていたわけではなかったが、リーダーとして自らもパートナーの基本動作を実践してその効果を知りたいと考えての率先垂範行動が、結果として逡巡するメンバーの背中を押す効果を生み出したのである。

そして、物語では、2回目のプロジェクト合宿で、メンバー全員がA3用紙を活用したヒアリングにはじめてチャレンジした成果をまがりなりにも発表し合うという、小さいが意味のある前進につながった。

第7話

変革を阻む壁と向き合う

変革を志すリーダーが本気にならねば変革は起こらないが、皮肉にもその本気さが反発するグループを生み出すというジレンマを招く。それは、変革という取り組みが、たとえばビジネスモデルや業務のように形にできる何かを変えることだけでなく、必ず人や組織の適応という高いハードルを要求するものだからである。

お客様の課題解決パートナーになるための営業プロセス

「お客様の課題解決パートナーになるために、営業活動のプロセス全般を見直そう」

2回目のプロジェクト合宿において、プロジェクトメンバーの橋のぼやきから生まれたアイデアは、志を同じくする業務改善プロジェクトのメンバーにとって明確な取り組みの方向性となった。

首都圏開発営業部は、最終的にお客様が市場で打ち勝っていくための課題解決パートナーになることを目指すわけだが、それをスローガンとして叫ぶだけでは実現は不可能である。今現在、お客様からの発注に対して迅速に応え、効率的に案件を処理することが仕事だと考えている部員が、将来お客様が抱える業務課題や新製品の開発に資するような経営課題に関する課題解決のパートナーとして適切な行動を実践していくには部全体の途方もない努力が求められる。

そう考えると、世良は伊賀の言うところの「これは業務改善というよりも業務変革ですね」という発言が、なんとなくわかる気がした。業務の流れを変えようとしても、人や組織がその変化に適応し、ついてこなければ成果につながらないからだ。

それ以前に、「課題解決のパートナーになる」という部分だけを聞いた社員は、おそらくは「また美辞麗句を繰り返している」と思うはずだ。絵に描いた餅で終わらせないために、われわれ首都圏開発営業部の営業担当者がお客様に対してどんなアクションをするのか、それを示す標準的な営業プロセスを持たねばならない。

プロジェクトメンバーが初期仮説として策定した「聴いて、考えて、描く」という課題解決パートナーの基本動作も、これから明確にしていく営業プロセスの一部を構成するものになるだろう。

当然、課題解決パートナーの基本動作、特に「聴いて」を実践するためには、事前にお客様との間に一定の信頼関係を構築する必要がある。つまりは、「信頼の獲得」という行動が、課題解決パートナーの基本動作の前工程に入らなければならない。

合宿以降、プロジェクトのメンバーは営業活動を終えてオフィスに戻ってくると、会議室に集合し、夜遅くまで自らが築いたこの課題解決パートナーになるための営業プロセスづくりに熱中した。メンバーが自由に議論できるよう、世良は企画本部時代の部下から特別に、普段は使われていない会議室をしばらく借り切った。

会議室の壁は、あっというまに付箋紙がたくさん貼り付けられた模造紙で一杯になった。それは、伊賀に教えられたディスカッションの方法を、業務改善プロジェクトのメンバーが愚直に活用している証であった。世良は、その議論風景を一度写真に撮り、メールで伊賀に共有しようかとも考えたが、思い留まった。

2週間後。議論に議論を重ねた「お客様の課題解決パートナーになる」というビジョンを実現するための新たな営業プロセス定義書のドラ

世良メモ 7

お客様の課題解決のパートナーになるために

◆営業活動のプロセス全般を見直す

信頼関係の構築 → 課題解決パートナーの基本動作

◆実践するには

部全体の努力が求められる

↑

業務変革 ⇨ 人や組織が適応できなければ実践不可能

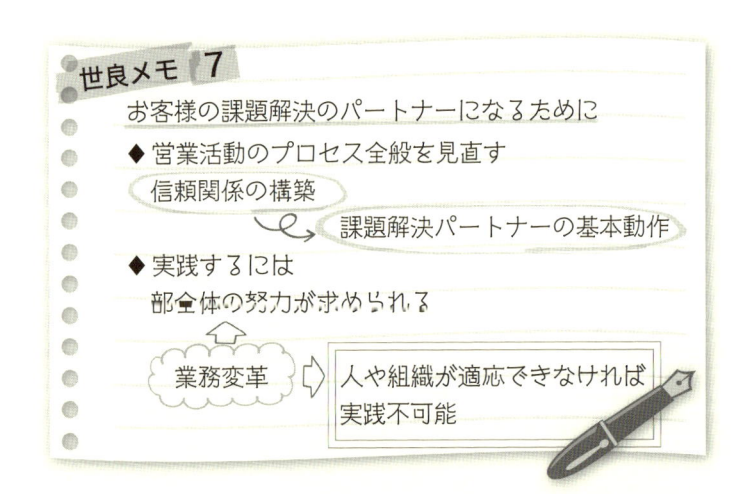

フトが生まれた。

定義書はそれなりのボリュームを持っており、整理してみると意外にも営業プロセスごとに実践しなければならないタスクがたくさんあることに、世良は気づいた。

伸び悩む首都圏開発営業部の業績

新しい営業プロセスが精査できた頃には、暦の上では12月初旬となっていた。すでに真冬の様相を呈しており、寒さが何よりも苦手な世良にとっては嫌な季節が到来していた。

合宿の直後に伊賀と電話で話してから、すでに1カ月以上が経過していた。あのとき伊賀は、「自分で乗り越えられない壁に突き当たったら改めて連絡を」と言っていた。あたかも必ず克服しがたい壁に遭遇する

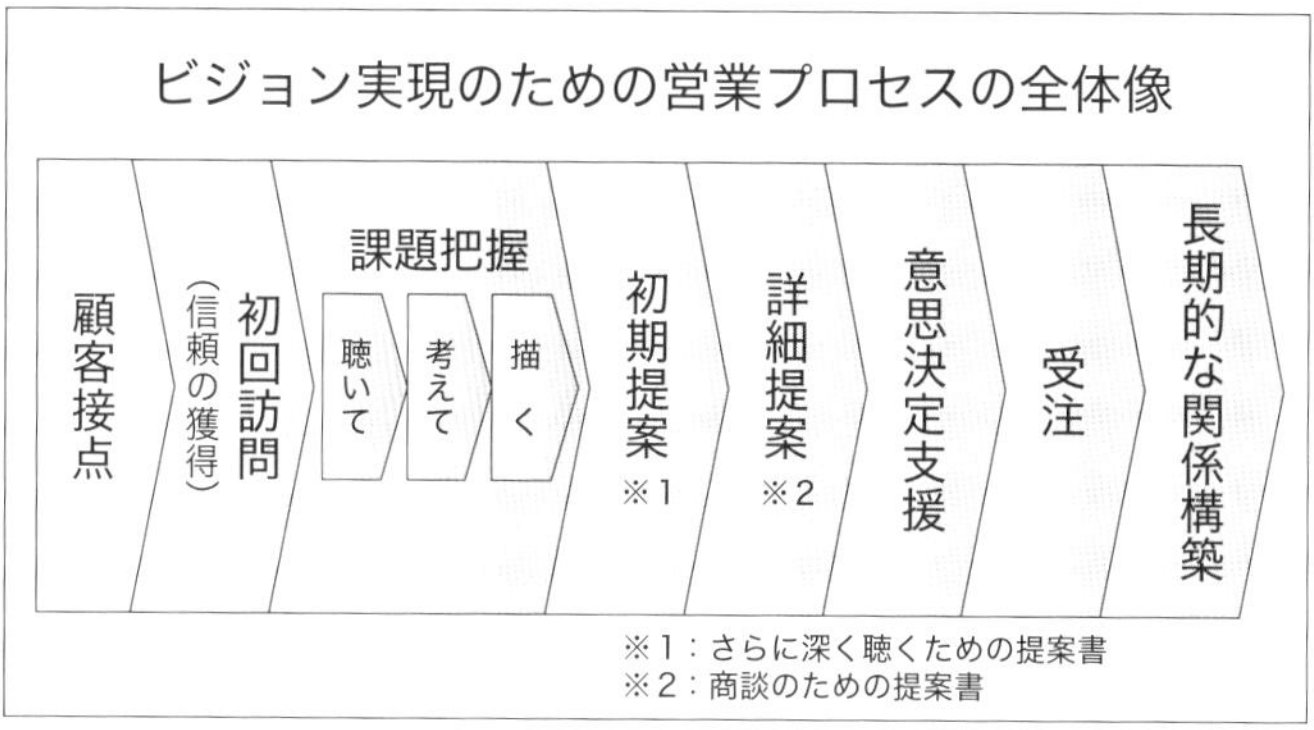

はずだとも受け取れるコメントで、世良は随分と不安を感じたものだ。

営業成果にはまだ目立った影響を及ぼせていないものの、今のところ、プロジェクトの活動は順調に進んでいる。世良は、無性にあの風変わりな援軍に、「この進め方でいいのか」と問い質したい衝動に駆られた。だが、「克服し難い壁」に直面しているわけでもない今、自分からコンタクトを取ることに、世良は躊躇を覚えていた。

しかし、現実には新葉電器の大型案件の失注によって、首都圏開発営業部における営業成績は危機的な状況になっている。そのことで、世良は毎日胃が痛い日々を送っていた。今朝、あきほから「最近夜中にうなされているわよ」と指摘され、世良は苦笑するほかなかった。

劣勢なのは首都圏開発営業部だけではなかったが、とりわけ営業本部の12月初旬の月次営業進捗会議において首都圏開発営業部の進捗が思わしくないという傾向がさらに顕著になった。このことで、長門専務や首都圏法人営業部長の山野からは冷ややかな視線を送られ、世良はこれ以上ないほどのプレッシャーを感じた。そして、それは確実に日々強まっている。

それでも、首都圏開発営業部の将来を左右するほどの武器となるであろうビジョン実現のための営業プロセスが明確化できたことは、世良にとって非常に嬉しいことだった。そしてプロジェクトのメンバーには、このままこの営業プロセスを実践し、改善を続ければ、必ず成果につながるはずだとの信念も生まれてきていた。伊賀へのコンタクトはもうしばらく辛抱しよう。そう世良は考えた。

周囲の部員との厳しい温度差

世良は、営業数値が改善しない状況に焦りを覚え、拙速に動いたことをこれ以上ないほど後悔した。確かに後から思えば、あれほど他責マインドに陥っている部員の意識を一気に変えたいと考えた自分はどこかに甘さがあったのだと、反省するほかない。

「プロジェクト発足から2カ月が経過し、「顧客の課題解決パートナーになるための新しい営業プロセス」は無事に明確化することができた。これも、11月中旬に実施した2回目の合宿以降、新しい営業プロセスを議論するかたわら、その仮説を実践に移して検証する作業を続けてきた成果だった。プロジェクトメンバーはもちろんのこと、世良自身も仕上がりに一定の手ごたえを感じていた。その手ごたえが、焦りと相まって拙速な行動につながったのかもしれない。

世良が取った行動。それは改めて、首都圏開発営業部の他の部員にも集まってもらい、これまでのプロジェクトの成果を共有すると共にプロジェクトへの積極的な参画を促したことだ。これが後に、大きな騒ぎを引き起こすことになった。

世良が直接、課長や部員に声を掛けて、すでに外出予定が入っていた4名を除く全員を会議室に集めたのは、12月の第2週の月曜日であった。年末の挨拶周りに出向く営業担当もおり、管理者や部員を拘束するのはせいぜい1時間が限界であった。

時間は限られていたが、ミニ勉強会以降の取り組みと業務改善プロジェクトのこれまでの成果である新しい営業プロセスの全体像を30分ほどかけて説明した。また、この営業プロセスを実践したことで得られたお客様の前向きなリアクションを示し、良い兆しとして共有した。

一通り話を終えた世良が、「質問、意見、感想なんでもいいからフィードバックをくれないか」と投げかけたが、予測通り無反応である。そこで、何人かを指名して話してもらおうとしたところ、課長の藤代が手を挙げた。

「今、首都圏開発営業部は、売上高で計画値に対して30%の未達成なんですよ。こんなことをしていていいんですか?」と、半ば挑戦的に言い放った。話しぶりからは、素人のあなたが余計なことに時間を使っているから数字が上がらないんだ、と言わんばかりだ。

世良は自分を落ち着かせながら、「私はその状況を改善するための打ち手を話しているんだ」と冷静を装い返答したが、他の何名かの社員の表情にも、藤代に共通するあからさまな反発が浮かんでいた。

これまでと同じことをしていて状況が打開できるなら、世良は何もこれほどまでにエネルギーを傾けてビジョンを議論したり、新しい営業プロセスを検討したりはしない。

危機また危機！

さらに追い討ちを掛けるように、翌朝、世良に長門専務から呼び出しがあった。至急、今月の速報データも含めて、首都圏開発営業部の営業進捗状況を説明しにくるようにとのことだった。手持ちのデータを整理し、報告資料をまとめて長門専務のオフィスに入ったのはすでに昼前のことだった。

オフィスに入ると、長門専務は前回座っていたソファーに不機嫌そうに座っていた。しかも、その横には、山野も同席している。世良は一瞬、山野も営業進捗の説明を求められていたのかと考えた。首都圏開発営業部ほどではないものの計画値に到達できていないという点では、首都圏法人営業部も同様だった。

しかし、長門の次の発言が、世良が置かれた状況をわかりやすく説明した。

「遅いね。日頃からしっかりマネジメントができていれば、すぐに報告くらいできるのではないのか？」

長門は苦々しい表情で口火を切り、世良に口を挟ませずに「まあいい。今日は山野君にも首都圏開発営業部の体たらくを聞いてもらって、立て直しに向けた意見をもらおうと思っている」と、思いもよらない言葉を吐き捨てるように言い放った。

「世良君の部下からは、あなたがマネジメントをしないから困る、余計なことに時間を費やして迷惑しているという相談があった。その点を重点的に説明してほしい」

世良は、首都圏開発営業部の業績不振に関する犯人探しが始まっているのだと直感した。確かに世良は、着任後ようやく5カ月が経過したところだ。とはいえ、首都圏開発営業部のリーダーなのだから、もとより責任は免れない。しかし、長門専務に相談したという首都圏開発営業部の「誰か」は、業績不振の理由を新たな取り組みのせいにして、自分あるいは自分たちは悪くないという逃げ場を得たいのであろう。世良による、営業プロセス改善の働きかけは、その誰かにとって恰好の材料だったようだ。

また長門専務からも、首都圏開発営業部の業績不振の巻き添えを食いたくないというあからさまな意図がはっきりと感じられる。だから、おそらくはこれからことあるごとに、世良のマネジメントの至らぬところを探し出しては社内で喧伝していくつもりなのだろう。「彼のマネジメントが不十分だったから業績がね」と言えば、通りもいい。この急な呼び出しは、そのための布石なのだ。

そこまで考えたところで、世良は暗澹たる気分になった。

第7話　完

よくあるケース16

こちらが本気で取り組んでいるのに、変革に反対する人が後を絶たない。

対象者
営業組織の責任者、経営幹部

対処方針
これまでの業務の進め方を変えようとするのであるから、一定の反発はつきものである。しかも、本気で取り組めば取り組むほど、その傾向は強くなるものだ。
このようなときでも、投げ出してしまわずに「多少の反発はあるもの」と考え、一緒に変わろうとするメンバーと共に歩むことに集中する。同時に、反発するグループに属する人たちに対しても、いつでも仲間に加われるように配慮し、常に門戸を開けておく。

リーダーが本気の変革を仕掛けようとすればするほど、反発は強くなるものである。逆に、反発するグループを生まないよう、働きかける際の表現を丸めて伝えれば、あからさまに反発するグループが生まれることはないが、変革も起こらない。実際、変革プロセスのある局面においては、反発の強さそのものが、変革が進んでいることを示す証左となる場合もある。

業務改善プロジェクトに反発するグループのメンバーが重視しているのは「現在」だ。上期の反省会の場でも、「うちはマーケティング力が弱い」「他社に比べコスト優位性がない」といった、「現在」自社が抱えている問題が提起された。これは、彼ら一人ひとりが「本来なら現在こうあるべきだ」というゴールイメージを持っているからである。それゆえ、彼らは「現在」不足している要素を問題として指摘した。

その一方で、彼らは、そのような状況は首都圏開発営業部以外のいずれかの組織が過去に取り組むべきだったことを怠ってきた所産であるとも考えている。それが強い他責発言につながったのだ。

以前、世良は「反対派のメンバーには比較的業績の高い社員が多いようだ」と気づいたが、自分たちはしっかり今の役割を果たし、成果も出しているのだという彼ら自身の自負が、「だが、他は……」という思考につながる傾向にあるのではないだろうかと感じていた。

他方、世良やプロジェクトのメンバーが最も重視しているのは「将来」だ。メンバーらは、自社が現在抱えている問題に思考停止することなく、自分たちがどう貢献していくかという観点から議論を重ね、夢のある「将来こうありたい」（ビジョン）というゴールイメージを明確化した。そして、そのビジョンの実現を通じ、自分自身も会社も成長するはずだと信念を持っている。

変革に対する反発は、このような双方が持つ視点やゴールイメージの違いから生じるケースが多い。この後、世良が変革の輪を広げていくためには、いずれ反発するグループのメンバーとも議論を重ねることで、それらを一致させていく必要がある。

よくあるケース 17

変革プロジェクトの活動が短期間に成果につながらないのは、きっと進め方が悪いからに違いないといった声が聞こえてくる。

対象者　経営幹部

対処方針　変革活動が目立った成果を生み出すまでには、一定の時間を要する。だから、成果が出ていないことが、そのまま進め方の悪さに起因するとは限らない。この時期は、変革をとん挫させようとする外圧が高まる傾向にあり、対処に注意が必要となる。

事業、業務、組織風土の変革活動において、その成功率に大きく影響を及ぼすのが、変革を守り育てるオーナーの存在であることはすでに触れた。良き変革オーナーは、現場を揺さぶり、変革の火種を撒き、リーダーを主体的に変革へと向かわせる。また、変革にチャレンジングな目標を与えたり、期限を設けたりする前向きな圧力も使う。一方で、変革活動が危機に直面した場合には、リーダーへの支援を惜しまず、良き相談相手となる。

現場が市場の変化に合わせ、事業や業務、組織の風土をチェンジしていく取り組みを進める舞台裏には、こういったオーナーの存在が欠かせない。営業現場の変革において、本来その役割を担うべき長門専務の振る舞いは、良きオーナー像とはかけ離れている。

しかし、彼のようなリーダーは、ある意味、日本の伝統的な企業に多く見られるタイプでもある。これから変革を志すミドルは、長門専務のような変革のオーナーとしての資質に乏しい幹部と対峙することも想定しておいたほうがいい。つまり、伊賀が世良に指摘したように、自ら「変革のオーナー兼リーダーになる」必要に迫られるのである。

だが、このような事態になったのは、世良が第2話で「変革のオーナーをつくる」ことに失敗したからでもある。このような事態を避けるには、幹部を含め十分な議論をつくして、変革を推進する環境整備を進めておくことだ。

果たして、この状況下において「お客様の課題解決パートナーになるための営業プロセス」の実践やさらなる改善活動をどう進めるか。世良の粘り強さが問われる局面である。

第8話

変革の暗いトンネルに突入する

変革を志すリーダーが直面する最大の難所。それが「変革の暗いトンネル」である。これは、変革活動に注力するものの、なかなか成果につながらない時期のことを指す。この時期、変革をとん挫させようとする外圧が強まる傾向にあり、変革を牽引するリーダーやメンバーにとって苦しい時期となる。

外圧に負けて変革を骨抜きにしてしまうか、自ら思い描くビジョンの実現をあきらめないか、リーダーは厳しい選択を迫られる。

東洋テクノロジーの市場適応力を低下させる内向きの組織風土

長門専務に呼び出された世良は、一通りの営業進捗状況を報告した。説明した内容に関しての質問などなく、長門専務の口からは「あなたはマネジメントができていない」「期待外れもいいところだ」「藤堂さんに騙された」の3つのキーワードが繰り返されるだけだった。

世良は粘り強く説明を続けた。しかし、さすがに「あなたの〝無能さ〟を私の責任にされても困る。いったいどうするんだ！」といった怒声が出るに及んで、ようやく彼が何をしたいのか理解できた。長門専務は、世良自身の口から「私の能力では対応できません」という発言を得たいのだ。それは、世良がこの場で問題を投げ出せば、大手を振って首都圏開発営業部に「手を入れる」ことができるからだ。

「手を入れる」というのは、東洋テクノロジーの社内で使われる隠語である。無能な（あるいは無能だとレッテルを貼って）リーダーから指揮権を奪い、他の優秀な（あるいは自分に従順な）管理者にその組織を代行して「見させる（管理監督させる）」ということである。上位役職者が自身の組織を統制していくための手っ取り早い方法だ。

長門専務にしてみれば、世良は営業の素人だ。たとえば、首都圏法人営業部のホープである山野に首都圏開発営業部長を兼務させ対応するという方法も十分にありえる。

だが、世良が白旗をあげていないにもかかわらず、そのような一方的な手段を用いて万が一にもさらに業績が悪化するようなことになれば、それは強制的に手を入れた長門専務の責任として自分に跳ね返ってくる。むろん、当の山野も無傷ではすまない。だからこそ、「世良が逃げたのでいたしかたなく」という状況をつくりたいのだ。

おそらく、首都圏開発営業部の前任の管理者が体調を崩し長期の療養を余儀なくされた背景には、このような長門専務の専制的なマネジメントスタイルや自己保身が影響しているのであろう。４つある営業部のうち大きく伸びを示している海外営業部を除き、首都圏開発営業部は確かに比較的売上規模が小さく、社への貢献度も低く見られがちだった。これまでの長門は、世良に対して、物分りの良いリーダーであるかのように振る舞ってきただけに、その落差は鮮やかだった。世良は確実にボタンを掛け違えたのだ。

一方で、営業分野における自身の能力のなさを痛感しながらも、責任感の強い世良にとってみれば途中で投げ出すことなど絶対にできることではない。ましてや、自分の呼びかけに応じてくれた業務改善プロジェクトのメンバーの活動を守りたいという強い思いもあった。

通常、役員にここまで言われれば、この東洋テクノロジーの熟練の管理者ならば、誰でも阿吽の呼吸で上司の意向を斟酌する。その意向に沿い、自分には無理だと白旗をあげる、ここはそういう局面だった。にもかかわらず、未だに生真面目に説明を続ける世良の姿を見て、あきれた風で山野が脇から進言した。

「専務、世良部長から業績をリカバリーするためのプランを提示していただいてはどうでしょうか？　今日の説明では何をしたいのか、私にはまったくわかりません。プランを拝見したうえで、今後の方針を議論したほうが効率的だと思います」

長門専務は、首都圏開発営業部を担当してまだ半年に満たない世良をこの場で糾弾し続けても、かえって自らの任命責任に跳ね返ってくるという可能性にも気がついたようだ。しばし考えて、「これはあなたのマネジメントの点検だ。資料は明日までに用意し、改めて午前中に説明に来い」

怒りが冷めやらぬその一言で、ようやく世良は専務室から解放された。

それにしても……と、世良は思う。

（仮に業績低迷の全責任を私に被せ、方々でそれを吹聴することで今期は責任を逃れたとして、来期や再来期、やはり同じように業績が上向かなかった場合はどうするのだろうか？　よほど景気が良くならない限りは、私でなくても今の東洋テクノロジーが増収増益に転じられる確たる理由などないことくらいわかる。このビジョンなき内向的な組織風土が、東洋テクノロジーを弱体化させているのではないだろうか……）

世良の暗澹たる思いは深まるばかりであった。

現場責任者としての世良の選択

専務室を出た後、山野に声を掛けられて別室で少し話した。山野は長門専務の下、順調にスピード昇進を重ねてきた、まさに子飼いの部下である。世良よりもいくつか若いが、世渡り下手の世良とすでに同じランクの職責を担っている。まさに営業本部の次の本部長と目されるホープなのだ。本人もそれを自覚し、社内における人脈の広さや太さは大したものだった。

山野は、やはり長門専務から首都圏開発営業部の部長を兼務することを打診されたようだ。だが、今の状態で部を任されても、挽回するのは難しい。正直なところ山野にとっては迷惑であるから、挽回できないのなら、明日提示するリカバリープランの中でその旨を明確に宣言し、責任の所在を明らかにしておいてもらいたい。また、それが長門専務の意向でもあるとの要望がわかりやすく提示された。

最後には、「万一、挽回できますなんて計画を出したとしても、専務には受け取ってもらえませんよ。よく考えてプランを書いてくださいね。世良さんも専務にこれ以上睨まれるのはいやでしょう？」と、念押しをされる始末だった。

世良の目の前には2つの選択肢が存在する。第1の選択肢は、長門専務の意向に沿い、残る第4四半期の努力を放棄し、壊滅的な業績予測を書いて、「いかが致しましょうか？」とおうかがいを立てることだ。

長門専務は、おそらく「何とか自分でリカバリーできないか」と、心にもないことを世良に聞くだろうが、東洋テクノロジーの伝統的な作法通り振る舞うとすれば、「私の力ではこれ以上は対応できかねます」と答える必要がある。これで、儀式は終わり。長門専務は大手を振って、首都圏開発営業部に「手を入れる」ことができる。

むろん短い期間ではあったが、業務改善プロジェクトのメンバーと共に心血を注ぎ、実践してきた営業プロセスの改善活動は放棄せざるをえない。

第２の選択肢はそのような思惑にとん着せず事実を書くと共に、営業プロセスの改善に伴い見込める業績向上分を盛り込んだ、いくばくかのリカバリーの意思を示すプランを策定することだ。そうすれば、長門専務ならば、にわかに首都圏開発営業部に手を入れることに多少のリスクを感じるだろう。しばらくは世良のマネジメントの粗捜しをして、世良に全責任を負わせる文脈をつくりながら、再度手を入れる機会をうかがう方向に舵を切るはずだ。

その方法を選択すれば、もう少しだけ業務改善プロジェクトを継続でき、メンバーに成果を創出するための猶予を与えることができる。だが、東洋テクノロジーという古い体質の会社では、それは世良の将来のキャリアや処遇に大きく影響を及ぼすであろう謀反のようなものであった。

世良がこれまで仕事してきた企画本部では、このようにあからさまに足を引っ張られたことはなかった。企画本部の長である取締役の藤堂でさえ、世良を煙たがりながらも、直接圧力を加えてきたことはない。せいぜい突発的な人事によって、自分の島である企画本部から世良を追い払った程度だ。

ここまで東洋テクノロジーの膿を見せつけられると、世良はかえって腹が据わったように感じていた。言うまでもなく、長門専務の思惑に従うのではなく、あくまで現場の責任者としての職務を果たす努力を最大限に続けよう。世良の決意が固まった。

東洋テクノロジーはこの先も、より一層強い営業力を求められる。今取り組んでいるプロジェクトをビジョンなき内向的な幹部のために止めるわけにはいかない。

だが、修羅場に突入する前に、あの伊賀ともう一度話したいと思った。伊賀の予言通り、今、まさに世良の全力を尽くしても越えがたい壁が目の前に横たわっているからだ。だが、長門専務の設けたリカバリープラン提示の期限は明日の午前中までだった。今は伊賀と話している時間はない。

改めて部員と向き合う

世良は、長門専務や山野とのやり取りによって、逆に自身が重視すべきものが何なのか見えた気がした。今、世良が重視するべきことは、それは上を見て仕事をすることではなく、しっかり首都圏開発営業部の部員たちや顧客と向き合うことだ。

前日に忙しい部員に時間を取ってもらったのに、翌日に再度全体ミーティングというのは難しいだろう……。そう思いながらも、専務室から職場に戻った段階で、その場にいた部員に声を掛け、終業前に会議室に集まってほしいと伝えた。

当然、世良が長門専務に呼び出しを受けたことは、専務に上申した部員はよく知っているにちがいない。だが、世良はそのような悪意のある密告をした部員、あるいは管理者かもしれないが、それを明らかにしたいなどとは考えていなかった。

世良メモ 8

幹部の認識

- 営業のプロセスを見直す必要などない
- 本部全体の業績不振のスケープゴートに？
- 手を入れるために何がなんでも、
  私に白旗をあげさせたい

→ついに越えがたい壁にぶち当たった

どうすべきか……

✕ 上を見て、長門専務の思惑に従う

○ 営業部の部員や顧客と向き合う！

前述のような経緯を知っているためか、夕刻の臨時ミーティングでは、業務都合を言い立てる部員もなく、世良の急な招集に応じて部の全員が会議室に集まった。それを見て、世良は苦笑を禁じえなかった。人の不幸、とりわけ気にくわない上司の不幸は誰だって面白いのだろう。

集まった部員に対して、世良は改めて業績不振の首都圏開発営業部が役割を果たしていくためには、「顧客の課題解決パートナーになる」というビジョンを実現することが重要な取り組みであるとの思いを語った。そして、「私がこの部に留まり責任者であり続ける限り、この活動を止めるつもりは微塵もない」と、強く宣言した。

世良はいつになく気持ちを込めた話ができたと感じた。

一方で、不思議なことに、いつも無反応を決め込む中立派だけでなく、藤代や安藤ら業務改善プロジェクトの活動を否定している課長や部員からも、マイナスのリアクションがなかった。世良にとってはいつも以上に手ごたえがないまま、臨時ミーティングは終わった。

後に、この決意表明が変革活動に良い影響を及ぼすことにつながることになるのだが、目下の世良にとっては、まさに突然、暗いトンネルに迷い込んでしまったようなものだった。

まずは、明日の専務への説明を乗り切ることが目下の懸案だ――。世良は即座に気持ちを切り替えた。

第８話　完

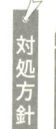

よくあるケース18

ここ数年にわたり新任管理者研修のテーマに変革リーダー養成を掲げてきたが、目立った成果が出ていない。

対象者 経営幹部

対処方針 前述した通り、変革リーダーの育成だけでなく、オーナーやフォロワーの育成、変革の推進に適した組織風土の醸成、さらには制度的な支援を含めた総合的な環境整備を進める必要がある。

今、多くの企業が「変革リーダーの育成」に取り組んでいる。弊社が毎年実施する「人材育成の実態調査」によると、管理職に求めるマネジメント行動で最も重視されているのが「部下の育成」である。そして、2番目に重視されるのが「既存の概念に捉われない変革の推進」だ（2013年2月調査結果）。

だが、「変革リーダーの育成」を指南するさまざまな書籍には、リーダーによる変革を支援するオーナーや変革を受け入れるフォロワーの存在、変革に強い影響を及ぼす組織風土のあり方について言及されているものは少ない。目下のところ、変革を志す多くのリーダーが、世良のように半ば自己犠牲を強いられながら、孤軍奮闘で、ありたい姿の追求を進めているという状況にある。

そして、やはり多くのリーダーが社内の壁に阻まれ、志を折らざるをえなくなる。皮肉なことに、そういった変革の芽をつぶしても気づかない企業ほど自社の体質を顧みることなく、現状を変えていくために、より強く変革リーダーを求めたりする。リーダーに変革を進めさせたいと考えるならば、リーダーを取り巻く環境整備も戦略的に進めることが重要だ。

よくあるケース 19

反発するグループの勢いが強く、あからさまに足を引っ張る行動が見られる。

対象者　営業組織の責任者、経営幹部

対処方針　喫煙ルームでひそひそと揚げ足取りをしているくらいなら看過できるとしても、変革活動に対してあからさまに足を引っ張るような行動が出始めたら、時にはブレない姿勢を見せ、リーダーとしての矜持を示す必要がある。

世良は、長門の逆鱗に触れながらも、自席に戻るや再度部員を招集し、業務改善プロジェクト活動の重要性を語り、「私がこの場に留まる限り、この活動は止めない」と強く宣言した。

部員は、ある程度、世良の置かれた状況を知っている。実は、世良の取り組みを悪しざまに長門専務に報告したのは山野だった。山野は、世良の活動を横目で見て、意味のない動きだと感じていた。同時に、本部内で新しい取り組みを進めるとしたら、次期本部長候補の自分こそがふさわしいのであって、世良のような素人ではないという、先を越されたことに対する苦々しい感情も抱いていた。そこに、首都圏開発営業部の課長である藤代から相談があり、世良の足を引っ張る狙いもあり、自分の一方的な主観を交えて長門専務に報告したのである。

実のところ、藤代からの相談は、山野としては渡りに船といってもいい機会だった。なぜなら、自身が統括する法人営業部も同様に、ここ数年目標を達成することができず、しかも今年度も達成が危ぶまれる状況だったからである。そこで、目障りな世良の動きをけん制しつつ、真面目さだけが取り柄の世良をダシに長門専務をあおり、首都圏開発営業部の業績不振だけにスポットライトを当てることができれば——。そうすれば、法人営業部の業績不振が問題になることはない。まさに一石二鳥である。情けない話だが、内向きの文化がはびこる職場では、このような社内の足の引っ張り合いがなくなることはないだろう。

一方、山野に相談を持ちかけた藤代は、職場に戻るや否や、全部員に対して「部長は長門専務に叱られて、無駄な取り組みを止めると言いだすはずだ」と、あらかじめ吹聴していた。そして藤代の予言通り、世良から部員全員に召集がかかった。前日の招集には応じなかった部員が、今度は積極的に会議室に集まったのはそのためだ。だが、実際は藤代が予告していたような内容ではなく、藤代も口をつぐむほどの世良の本気度を見せられることになった。世良には無反応としか感じられなかったが、部員にはその気迫が確実に伝わっていたのである。

ここぞというときに、リーダーが一歩もブレない姿勢を見せれば、メンバーもようやく「ああ、この人は本気なんだ」と気づく。リーダーが一歩も引かないと宣言した取り組みが正しいものであるならば、いずれはメンバーにも理解される日が来るものなのだ。

第9話

暗いトンネルを手探りで進む

反発するグループにとって、変革の「暗いトンネル」は活動を潰す絶好の機会であり、さかんに「成果が出ない」「取り組む意味がない」と、声高に叫び始める。

だが、この「暗いトンネル」は、組織にとって重要な意味がある。この時期にそういった外圧を受けることで、真の変革リーダーやフォロワーが一段の成長を遂げるからである。「暗いトンネル」が持つのは、必ずしもマイナスの側面だけではない。

絶対に白旗はあげない

朝夕の冷え込みが本格的になり、世間はすでにクリスマスシーズンを迎えていた。夕暮れ時に会社を出ると、都心のオフィス街には会社帰りの若いカップルが行き交い、腕を組みながら楽しげに通り過ぎていく。

そんな風景を眺めていると、わが身の辛さがより一層こたえる。小なりとはいえ営業組織の責任者は誰でも、よほど順調に数字が積み上がっているか、無責任な性格でもなければ、この時期が一番辛いんだろうな――。こうした焦燥感は、新任営業部長の世良にとってはじめての体験であった。徹夜明けの重い頭で、苦々しく昨日の出来事を思い出しながら、世良はそう感じていた。

「明日の午前中までに、この状況を挽回するための打ち手を説明に来い。あなたのマネジメントの点検だ」昨日、長門専務に一方的に言い放たれ、世良は仕方なく徹夜で、今後の取り組み方針を資料にまとめた。

この東洋テクノロジーという古い体質の会社において、一度「マネジメントができない」というレッテルを貼られたら、二度とその社内的な評価は拭えない。つまり、敗者復活はありえない。そういった社風の中では、自らリスクを取ってチャレンジする人材など出てこない。

世良は、以前、人事部が打ち出した「チャレンジする人材を生み出すための人事評価制度の刷新」という役員会議に付議された事案を見て、苦々しく感じたことを思い出した。(社風を問題視せず、社員だけにチャレンジを促す。目先のニンジンにつられて、自己リスクでチャレンジする人材などいない)

それはさておき、何が何でも世良に白旗をあげさせたいという長門専務の本心からすると、世良が説明をしている最中も、粗探しや揚げ足を取りにくるであろうことが十分に予測される。結局、根拠となる数字などを洗い出すために、作業は明け方までかかってしまった。

せめて仮眠でも取っておくかと考えて、近くのカプセルホテルでシャワーを浴び、狭い寝床で少しだけ眠った。そして、低く響く目覚まし時計で起こされ、慌ただしく会社に戻った。

世良は、出社したばかりの秘書をつかまえて、長門専務の予定を押さえるように依頼をした。自席で待機して呼び出しを待つ間、いつになく緊張している自分に気づいた。昨日、腹が据わったと思っていたのだが——。

そういえば、昨日の夜から何も食べていない。なるほど力が出ないはずだ。世良はひとり笑った。だが、「朝飯はこの壁を乗り越えてからだ。俺は絶対に白旗はあげない」

世良はあらためて決意を固めた。

業績挽回の可能性

実はここに来てようやく、新規案件の芽がいくつか生まれていた。課長の桐島を中心に、詳細な提案を進めており、その結果に世良も大いに期待していた。

それらの案件は、これまでのように単に顧客の指定する要求条件に基づいた製品を納期通り納めるというだけのものではない。顧客側の最終製品の性能向上も検討する、いわば上流工程のコンサルティングを請け負うビジネスだ。小規模ながらもそれらの案件を契約に持ち込めれば、その後の機械・半導体製品の納入も東洋テクノロジーが受注する可能性が高まる。つまり、最終的にはまとまった額を見込める将来性ある楽しみな案件なのだ。

そこで提案されている内容も、顧客の課題を深く聴き、その課題解決策を業務改善プロジェクトメンバー全員が知恵を絞って考え抜いたものだ。その過程では、設計部など他本部の組織とも調整を重ねてきた。何よりも閉塞感の漂う東洋テクノロジーにおいて、新たなビジネスの領域を開拓する可能性を高めることができる意義あるビジネスだと、世良は感じていた。

だが、将来においては価値あるビジネスでも、挽回すべき売上目標額にはまったく届かない。将来をより良いものにすると言いつつ、「今」しか評価しないのが東洋テクノロジーの社風だ。

実際のところ、本部全体が首都圏開発営業部の落ち込みで赤字に転落する状況を回避するためには、第4四半期で最低でも後数億円の受注が必要となる。そのリカバリーを実現するためには、新規案件だけでは足りない。首都圏開発営業部員各々が担当する既存顧客各社における、未だ確度の低い停滞案件の受注確度をどうしても向上する必要がある。

こういった現状を踏まえ、世良が策定したリカバリープランは、新たな取り組みによる将来性ある新規案件の開拓をテコに、案件確度向上が進まなかった停滞案件を全営業担当者が「聴いて、考えて、描く」というパートナーの基本動作を実践し、限られた時間の中で刈り取っていくというものだ。

しかし、その取り組み方針は、年度末までの手持ち時間の少なさから、作成した世良自身、成果創出には限界があるだろうと感じていた。だとすれば、これまで営業畑で飯を食ってきた長門専務や山野の目から見れば、その論拠の脆弱性や甘さは格好の標的になるかもしれない。

意外な反応

世良はさんざん待たされたあげく午後になってからようやく、秘書から呼び出された。おそらくは、朝一番に世良がアポイントを取ったことで、長門専務はその行動を自分への反抗だと捉え、内心カチンと来ていたのであろう。秘書からは特に午前中に予定は入っていないと聞かされていただけに、その感情的な意趣返しに、世良はまたしてもがっかりした。

くだらない嫌がらせで気分が晴れたのかどうかはわからないが、意外にも長門専務や山野は世良の提示したリカバリープランに対して、細かな揚げ足を取ることはしなかった。世良が数値的な根拠を示しつつ一通り説明を終えると、目を閉じて沈黙する長門専務に代わり、山野がいくつか質問してきた。その質問に答えると、「世良部長がこのように心配ないとおっしゃっているのですから、私としては特にコメントはありません」と、山野がおもむろに長門専務に向かって言った。

それを聞いた長門専務は世良には目もくれず、山野に対して「じゃあ、1月末までの進捗を踏まえて判断をするか」

当事者である世良の存在を完全に無視し、打ち合わせはわずか20分で終わった。疲れからか、世良は短時間で打ち合わせが終わったことがうれしかった。事前の緊張感も解け、少し楽になれたと感じていた。

風変わりな援軍、再び

その日、世良は徹夜明けの重い頭と体を引きずって自宅に戻った。そして、昨夜自宅に戻れなかったことをあきほに釈明する間も惜しみ、伊賀にこれまでの経緯と今直面している壁を整理したメールを送付した。

熱い湯船に浸かったり、あきほや2人の娘と食事をしながらも、世良は今か今かと風変わりな援軍からの電話を待っていた。だが、時刻は21時を過ぎ、子どもたちが眠そうな目をこすりながら寝室に向かっても、伊賀からの電話はなかった。

昨夜の急な徹夜や、今もどこか心ここにあらずといった様子の世良を見て、あきほが訝しく感じないわけがない。

「あなた、何か問題を抱えているの？」いつになく単刀直入な質問だ。

「ああ、いや、何でもないよ」

「ふーん。大変な事態に直面してますって、顔に書いてあるけど？」

「わかった。降参だ。ちょっと職場で苦戦していてね。伊賀さんからの電話を待っているのさ。アドバイスをもらいたいと思ってね」

「そう。だったら安心ね。自分ひとりで抱え込んで何とかしようと悪戦苦闘するだけじゃなくて、他の誰かのアドバイスを聞きたいなんて、あなたも随分成長したわね」あきほはニコリと微笑んだ。

あきほに一本取られた気がしたが、世良は以前から気になっていたことを質問する良い機会だと思い、水を向けた。

「伊賀さんに一体どんな貸しがあるんだい？」

「彼が入社したときに、私がメンター役、つまり相談相手だったの。実際、いろいろ相談に乗ってあげたのよ。彼ってほら、少し変わっているでしょう。当時は人づきあいも苦手でね。本人もコンサルタントとしてやっていけるのかって悩んでた。そして、彼がはじめてひとりで取り組んだあるコンサルティングで顧客と揉めたことがあって、一緒に突破口を探したっていうだけ。あのときもさんざん徹夜したわね。気がついたら、オフィスにある小さいソファーでお互いもたれ合って眠りこけたこともあったもの。懐かしいわ。でも、私はメンター役として当たり前のことをしただけよ」

（そうか。でも、今時、当たり前のことをしただけで、先輩のダンナのアドバイザーになってくれたりするかなあ？）

世良は、むしろ以前より興味をそそられたが、あきほからの「電話を待っているって、伊賀君にメールでも送ったの？　じゃあ、そのままメールに返信がきているんじゃない？彼ってテンポを外す天才だから」という問いかけに慌ててパソコンを立ち上げた。

世良は、前回と同様に伊賀から電話がくるものとばかり思い込んでいた自分が滑稽だった。果たして世良がメールを送信した直後に、伊賀からの返信メールが送付されていた。

そのメールには一言、「麻布に旨いコーヒー専門店を見つけました。久しぶりにご一緒しませんか？」と書かれていた。さすがに世良はもう、その風変わりさには驚かなかった。

伊賀の問いかけ

「世良さんは本当に真面目なんですね。だから古狸のおふたりにまんまとしてやられた」

例によってブラックをすすりながら、伊賀は微笑んだ。伊賀の言わんとしているのはこうだ。何のことはない、今回、世良に不意打ちを浴びせ、時間を与えずにリカバリープランの資料をまとめさせたのはよくある手だという。

「たとえば、長門専務が山野部長に兼務を発令して首都圏開発営業部の采配を振るわせたいと考えても、実行してみた結果成果が伴わなければ、もっと言えばかえって悪化するなんてことがあれば、それこそ専務の責任問題になりますよね。そこで、まずは、現在直面している劣勢は必ず挽回できると、世良さん自身に書面で宣言させる。そうすれば、古狸のおふたりが、素人部長に責任を押し付けているという批判はかわせる。何しろ、早めにギブアップしてもいいと言われたのに、世良さんが自分で大丈夫だって太鼓判を押しちゃったんですからね。おふたりはそれを受け取っておいて、早いタイミングでこれはダメだと衆目の中で評価を下し、専務の意向通り山野部長に引き継がせる。しかも、仮にそれで成果が上がらなくても、それはもともと世良さんが約束した成果を出せなかったからだという錦の御旗もありますし」

コクのあるブラックを楽しみながら、平気で残酷なことを言う奴だ。風変わりだと承知しつつも、世良は頭に血が上りそうになるのを堪えるほかなかった。

確かに、世良が白旗をあげないだろうということは、世良の反応を見れば容易に想像できたはずだ。それでも、呼びつけたうえで専務が面罵し、圧力をかけることで試してみる。案の定、阿吽の呼吸などを意に介さない世良は、生真面目に白旗をあげない。そこで、再度検討を指示すると、当然、世良は挽回できるというリカバリープランを持ってくる。それを受け取り、早めに期限を設け、成果が上がらないうちにダメ出しをする。確かに、責任の所在を明らかにするためには、本人に自主的に「何とか挽回できます」という資料を出させるに限る。その資料の説明が20分程度で終了したのは、もともと説明など聞く必要がなかったからだ。

冷静に考えてみれば、勝手に期限を切られたとはいえ、約束を果たせない場合は首都圏開発営業部に「手を入れてもよい」と約束させられてしまったのである。

この年で無理な徹夜なんかするものじゃないな。そんな簡単な罠に気がつかないなんて――。世良はあの日の出来事を反芻しながら、自分の甘さを悔やんだ。伊賀にとってこのコーヒーはコクがある品の良い味なのかもしれないが、今の世良にとってはこれ以上ないほど苦々しすぎる風味だった。

世良にもようやく、伊賀の3つのフィードバックの意味が理解できた。

①社風を考えると、世良自身が変革を牽引するオーナー兼リーダーとなる必要がある。確かに、一連の出来事を踏まえて考えると、長門専務や山野部長という営業本部を牛耳る幹部がリスクを取って変革を推進するという姿はまったく想像できない。それにもし、やる気があるのならとっくに進めているはずだ。

②だが同時に、わが社では変革を牽引するリーダーはひどい目に遭うものだ。変革を開始するや否や業績に結びつくのならば、ひどい目に遭うことはないだろう。だが、すぐに結果に結びつかないことがわかっていれば、その間、矢面に立つリーダーがどういう状況に追い込まれるかはわかる。それが古い体質の会社ならばなおさらだ。だから伊賀は、世良の直面する壁を予測できた。そして、今、世良は越えがたい壁に直面している。

③だからこそ、リーダーとしてまずは自分の頭で考えろ。

世良は、「自分の頭で考えろ」という伊賀のフィードバック通り、自分の頭で考えた。だが、今、大きな逆風にさらされている。一方で、世良は自分の頭で考え、行動し、失敗を重ねたことで、自身にとっては貴重な成長の機会を得たと考えることもできる。伊賀はこの機会を捉え、世良に成長を促したいと思い、自ら考えろと言ったのだろうか？　だとしてしても、今、世良は取り返しのつかない状況に追い込まれつつある。なぜ、伊賀は事前に適切な対処のためのヒントをくれなかったのか。

そのとき、世良の思考を先読みしたかのように、伊賀が口を開いた。

「御社において、具体的に、変革を志すリーダーの行動に対して、周囲からどんなリアクションがあるのか、僕にも事前に想像することはできません。だが、それがどのようなものであったとしても、世良さんがこのさき、東洋テクノロジーという会社で本当に変革を推進できるリーダーに成長するためには、修羅場の経験は絶対に必要な貴重なものです。だからご自身で考え、行動を決断する必要があったのです」

どこか飄々としてつかみどころのなかった伊賀が、真っ直ぐに世良の瞳を見て言った。

「世良さんは、これからどうしたいのですか？」

「……」

正直、世良には数値を挽回できるとはとうてい思えなかった。むろん、山野が首都圏開発営業部を「見る」ことになっても、山野の指導で業績が回復するはずもない。むしろ、顧客のパートナーになるというビジョンを実現する営業プロセスをつくり上げるという唯一の突破口を潰されるだけだ。

だが、今、自分さえ引き下がれば、「マネジメントできない管理者」のレッテルを貼られ、長門専務の感情を埋め合わせる程度の人事的なペナルティーは避けられないだろうが、少なくともメンバーに累は及ばない。

逆に、この後、世良が首都圏開発営業部にこだわって、伊賀の言う営業変革活動を継続するのならば、業務改善プロジェクトに参画した推進派のフォロワーにも、長門専務や山野の感情のはけ口が及ぶだろう。幹部の感情か——。上げた拳を振り下ろす先を誰かが用意しなければならない、ということだ。

本気のビジネスに相応しくない要素が職場を支配するのも、東洋テクノロジーの伝統だ。まるでフォロワーを人質に取られているようだ——。世良は悪寒を感じた。あきほや2人の娘の姿が脳裏をよぎる。長いものに巻かれるか。世良は今にも心が折れそうになる自分を感じていた。

「リーダーが本気で何かを変えようとするとき——」伊賀が、そんな世良を阻むかのように口を開いた。

「世良さんが経験しているような出来事が起こります。でも、世良さんに知っていただきたいのは、圧力をかけている長門専務や山野部長の側にも、彼らが目指す『現状のあるべき姿』があるということです。一方で、世良さんは『将来のありたい姿』を明確にお持ちだ。彼らを巻き込み、それを十分に議論して、すり合わさないままに取り組みを進めた世良さんにも問題があるのです」

驚いた表情を見せる世良を見ながら、伊賀が続ける。

「それに世良さんが取り組みを始めたタイミングも適切だったかどうか、検証が必要です。周囲の状況を把握し、横連携できる管理者を見つけて、もっと安全にフォロワーを巻き込む機会もあったはずです。たとえば、性急なアクションを避け、年度末の振り返り時に問題提起を始め、期首に部員を巻き込み議論するとかです。無防備な世良さんのやり方だと、せっかくフォロワーになってくれた人たちを犠牲にする可能性もあります。世良さんはご自身の振る舞いを大いに反省すべきです。この状況を招いたのは

世良メモ　9

もっと安全に変革を進められたか？

① 事前の準備
② 実施時期
・年度末や区切りとなるタイミングで
③ 実施体制
・他の部長たちを巻き込んで横串で

『将来のありたい姿』

⇕ すり合わせておくべきだった

長門専務や山野部長が漠然と持っている
「現状のあるべき姿」

あなた自身だ」

しばしの沈黙を経て、伊賀はまとめた。

「だとしても、世良さんは始めたことをあきらめられますか？　私はそれが聞きたいのです」と、改めて冒頭の質問に戻った。

世良はプロジェクトのメンバーの顔を一人ひとり思い浮かべた。顧客から前向きな反応が得られるたびにその兆しを共有しあい、さらにもっと効果的な進め方はないかと貪欲に探し求める顔を。そして、自分に言い聞かせるようにつぶやいた。

「私は最後までやりたい」

活動を再開するも暗いトンネルはまだまだ続く

そのまま麻布の路地奥にある喫茶店で深夜まで粘り、伊賀と共に当面の打ち手を議論した。ここまでくると、各々の案件にかかわる実践レベルの取り組みが求められる。

クリスマスを過ぎれば、残り時間はわずかだ。世良は許された期間内に少しでも営業活動を前に進めようと、業務改善プロジェクトのメンバーと共に新規案件の提案活動を進めた。同時に、伊賀の支援を仰ぎつつ、標準的な営業プロセスの見直しにも時間を費やした。「聴いて、考えて、描く」というパートナーの基本動作も、もっと効果的に進めることができるはずだ。

実際、最近ではお客様の反応もより前向きなものになるなどの兆しも見え始めていた。そんなわけで標準的な営業プロセスの改善は、プロジェクトメンバーにとって、どんなに苦しくても絶対やり遂げたい仕事になっていた。

だが、無情なことに、複数あった見込み案件も、年末年始のインターバルを挟んで年が明けると、年度末が近いということで、顧客も一様に忙しくなってしまい、結局はすべての案件が棚上げされた形で次年度に再検討という扱いになった。

将来に大きく可能性を広げる戦略的なビジネスを受注し、長門専務や山野らの圧力に対して一矢報いたかっただけに、世良の落胆は周囲のメンバーにもありありと伝わった。

さらに、リカバリープランの鍵となる停滞案件の再起動を進めようとしたが、これまで同様、課長の藤代や安藤をはじめとした部員が持つ意識の壁に阻まれ、思うように進まない状況が続いた。自らが所属する首都圏開発営業部の数値目標未達成も、彼らにとっては気がかりですらないのだろうか——。世良の焦燥感は、これ以上ないほど高まっていた。

藤代などは、数字が伸びないのは素人部長の世良がマネジメントもせずに、余計な取り組みにエネルギーを注いでいるからだ、とあちこちで吹聴して回っているようだ。また、おそらく桐島や橘をはじめとする業務改善プロジェクトのメンバーも、口にこそ出さないが、周囲からのあからさまな逆風にさらされているに違いない。これが八方ふさがりの状態というものなのだろうか。

やはり活動を最後までやり抜くという自らの決断が誤っていたのか――。まるで出口のない真っ暗なトンネルにいるようだ。

第9話　完

よくあるケースと対処方針

よくあるケース20

変革活動を行うのはいいが、いつまで経っても成果が出てこない。

対象者　営業組織の責任者、経営幹部

対処方針　初期の仮説に基づいた活動がそのまま成果につながるのなら、世の中は成功者ばかりになっているいるはずだ。「暗いトンネル」を脱するためには、試行錯誤を重ねたり、メンバーの成長も求められる。取り組みにストップをかける前に、活動内容を適切に評価しつつ、組織を挙げてサポートする体制を実現するといった支援策を検討すべきである。

変革への取り組みの多くが、期限内（多くは当該の年度内）に成果を出せず、「あれは失敗」と安易に判断され、新年度はまったく別な取り組みにチャレンジするというような変革の空転状態に陥ることが多い。

だが、従来の業務の進め方を大きく変えた場合、社員の自律的な行動を経て成果が出始めるには一定の時間を要する。営業担当者個々人が独自に形成してきた我流の営業方法を戦略的な取り組みに変えていくという、世良が進めるような試みなどは、とりわけ活動の開始から成果が生まれるまでに時間的なズレが発生するものだ。

課長の藤代や安藤などは未だ拒絶している状況にあり、顧客の課題解決パートナーになるというビジョンを実現するための行動を意図的に実践しているのは、首都圏開発営業部の中でもごく一部のメンバーにすぎない。その彼らにしても、新しい仕事の進め方に関していえば、経験の浅さからまだまだ十分効果的に実施できているとはいえない状況だ。今しばらくは経験を積み、学ぶ時間が必要だろう。

変革推進側は、こういった諸々の条件が揃うまでにはある程度の時間を要するものだと、認識しておく必要がある。

よくあるケース21

変革の暗いトンネルは、どうやって回避すればいいのだろうか。

対象者　経営幹部

対処方針　変革につきものの暗いトンネルを、より迅速に脱する方法を考えるのは当然のことだ。だが、そういった修羅場をリーダーやメンバーに経験させ、成長を促すという考え方も重要である。

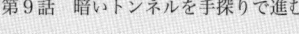

一般的にも、この時期に、現場リーダーの志が折れて、変革がとん挫する確率が高まる。変革に反発する人たちからは、早期に成果が出てこないことを攻撃材料として、「成果が出ないのは、きっとやり方に問題があるからだ」というような指摘が始まる。また、変革につきものの暗いトンネルの存在を理解していない幹部層からも、「マネジメントの仕方が悪いのではないか」など、さまざまな問題提起が噴出する。

世良は、ビジョンを実現するための標準的な営業プロセスを、わずか30名程度の首都圏開発営業部という組織に定着させようと戦っている。変革の本質を深く理解していない人々からみれば、その程度の人数でなぜそんなに苦労するのかと感じるかもしれない。しかし、慣性の法則に囚われた人々を新しいやり方に適応させ、行動を変えるには、相当なエネルギーと時間を要するものである。実際には、世良はこの後も人の意識と行動を変えるという難しい作業をやり遂げるために、塗炭の苦しみを乗り越えていかねばならない。

とはいえ、この修羅場を経ることで、世良は一皮剥けることができた。本気で現場に変革を起こし、メンバーを巻き込むことで、自らも成長することができた。もちろん世良と共に歩むフォロワーもまたしかりだ。このような成長の仕方は、教室で研修を受けるだけでできるものではない。優秀な変革のオーナーは、このような人材育成のアプローチがあることを理解し、それをうまく活用する。

第10話

兆しを集め
トンネルを脱する

暗いトンネルの出口が近づくと、さまざまな変化の兆しが現れる。変革を志すリーダーは、それらにスポットライトを当て、変革が加速していることを組織に示す。そして、そういった兆しの増加が、中立だった人々にインパクトを与え、ひとり、またひとりと変革活動に参画する人材が増えていく。

リーダーとしての矜持を試され続けた果てに、ようやく「暗いトンネル」を脱するその瞬間がやってくる。

若手社員、小野からの相談事

1月も中旬になると、少しずつ案件の確度が向上し始めた。だが、果たして年度末までにクローズできるのか――。世良には極度の焦燥感の中で陣頭指揮に当たるしか、選択肢はなかった。

そんななか、藤代の部下のひとり、若手の小野颯太から顧客の城金機械への訪問に同行してくれないかという相談を受けた。顧客側のキーマンの時間が取れたのだが、藤代課長が同行できない状態なのだという。小野は今期の業績が芳しくなく、どうも藤代には相談しにくいようだ。小野も業務改善プロジェクトとは距離を置いており、世良は水を向ける好機でもあると考え、気さくに応じた。

だが、よくよく聞くと、小野が「キーマン」と呼んでいるのは窓口となっている担当者らしい。城金機械からは小額ながら毎年発注をいただいているが、その担当者は気難しくなかなか会えないうえに、会っても事務的な会話以外は受け付けてもらえないのだという。

　小野にとっては、この窓口担当を突破することが重要であり、それゆえ「キーマン」と呼ぶのだそうだ。世良は、「キーマン」という言葉の定義が人それぞれで、明確に定まっていないことに改めて気づいた。こういった営業を進めるうえでの重要な言葉の定義も、新しい営業プロセスづくりに取り込み、共通認識としていかねばならない。

　実際には、その担当者の上司である課長とも随分前に一度面談をしたことがあっただけで、新たに着任した意思決定者である部長には一度も会えていないという。世良は、せっかく出向くこの機会を活かしたかった。小野に、少し遅くなったが担当者の上司である課長にも新年のご挨拶をさせていただこうと伝え、世良からその窓口担当者に連絡を取ることにした。

藤代との対立

どうやら小野は、すぐ藤代に報告をしたようだ。藤代が血相を変えてやってきた。

「世良部長、先方に電話するのは止めていただきたい」

その剣幕に、近くで仕事をしていた部員も驚いて顔を上げた。2人の応酬はしばらく続いた。

「それはどうして？」

「相手の担当者が気を悪くしたら、取引を停止される可能性があるからです」

「突然なので、担当者は驚くかもしれないね。でも、窓口となっている担当者やその上司へのご挨拶をキッカケにして、年度内の新規発注につなげられないかと思ってね。それにいずれは意思決定者にもお会いしたいしね」

「いや、すでに予算一杯発注いただいたので、これ以上は無理ですよ」

「予算ってどれ位なの？」

「正確にはわかりませんが、例年と同様の発注はありましたから」

「お客さんはどんなことに悩んでいるの？　何がしたいんだろう？」

「またそれですか。そういうことではなくて、営業活動では人間関係が最も重要なんですよっ！　このお客様は窓口担当者のガードが硬い。だから、その担当者の頭を飛び越えて上司に会おうなどということをして、機嫌を損ねるような真似はすべきではないんだ」素人部長がいらぬ口を挟むなといわんばかりの態度だった。

「藤代さんの懸念はわかる。でも、現状、そのご担当者やその上司とは、まさにあなたが言う人間関係が弱い状態だよね？　だとしたら、何か手を打たないと、増収に向けて状況を変えることはできないんじゃないのかな」

「……」

「以前あなたは、私が業務改善プロジェクトを立ち上げる際に、本部の方針はもう出ていて新たな取り組みなど不要だと言ったね。でも、積極的に既存のお客様に働きかけて、全顧客で対前年の売上を10％上回ろうというのが本部の方針だと思うが？」

「そんなのただの方針です。個別のお客様の状況を理解していない人が考えた意味のない方針ですよ」

「そうか。私が提示した方針にも、そして本部の方針にも従わないというのなら仕方がない。君自身が考える今後のビジョンを聞かせてくれないか？」

「ですから、うちの高コスト体質やニーズを捉えられないマーケティング力の不足が悪いんです。それを改善せずに、こんな議論などしても何の意味もありません。私は小野に対しても日頃から、その担当者の上司にも会えるよう工夫しろと指導をしているんです。それなのに――」

そばで聞いていた小野の顔色が見る見る変わった。

「藤代さん、結局あなたは何が言いたいんだ？　新葉電器の大型失注を差し引いたとしても、あなたが責任を持つチームも目標達成が危ぶまれる状況だろう。あなたの話を聞いていると、その原因はお客様や社内の別の部門、そして部下にあるような物言いだね」

あるいは、新葉電器の大型失注は素人部長の責任だし、最近は私のマネジメントの仕方が悪いといった発言もあるようだが？　という指摘はさすがに呑み込んだ。

「そうやって他責を続けても、状況は改善しないいんじゃないのかな？　このお客様への対応はぜひ私に任せてもらえないか。部の責任者として、万一担当者にヘソを曲げられるようなことがあれば、責任をもって機嫌を直してもらうようにするよ」

麻布の喫茶店で、伊賀からの問いかけによって本気で腹を括った世良にとって、ただ自分の領域を侵されたくないというだけに過ぎない藤代との掛け合いごときで引き下がるはずもない。

周囲には、世良のブレない姿勢と修羅場をくぐり抜けたことで一皮剝けて不思議と身についてきたリーダーとしての貫録が藤代を圧したように映った。

もう潮時だと思った世良は、無言のまま立ち尽くす藤代を残し、そのそばの小野の肩をポンと叩いて、屋外の新鮮な空気を吸いに席を離れた。

兆しの増加

世良が直接城金機械の担当者に連絡を取り、遅くなったことを謝罪しつつ新年のご挨拶をさせていただきたいと伝えると、ガードが固いというその担当者は、意外にもあっさりと上司への面談を調整してくれた。

訪問の当日、世良は担当者の上司である課長に依頼して、悩みごとや課題を聞いてみようと考えていた。だが、幸運にも当日は、課長だけでなく、その上司であり意思決定者でもある部長も同席してくれていた。

世良は少々厚かましいかもしれないと思いながらも、御社の抱えるお悩みごとややりたいことをお聞かせくださいと、即興のヒアリングを試みた。

コメントは、例によってA３用紙に、顧客にも見えるように記入しながら進めた。結果的に、コメントは約80項目におよび、A３用紙４枚が埋め尽くされた。

最後になって、部長が「世良さんから白紙の用紙を並べられたときはひるんだけど、こうやって話してみると、やらなきゃならないことが山積だし、日頃忙しくてあまり会話できていない私たちの間でもお互い問題点を共有できたよな」と課長のほうを見た。

世良にとっても、新葉電器の鬼頭部長相手にヒアリングしたときよりも、格段にうまくできたという実感があった。

これを聞いた先方の課長も「そうですね。この手法を各部へのヒアリングで使ってみようかなあ」と前向きな反応を口にした。

そこで、世良はもう一押ししてみることにした。

「では1週間後に、またお時間をいただけますか？　お悩みごとの解決策を検討してお持ちしたいと思います」と切り出すと、

「いいですよ。1月の締日までまだ少しありますから」

その場で、部長は快諾してくれた。

これは、業務改善プロジェクトの事例創出に向けた良い機会だ、と世良は思った。そして明らかな変化への兆しでもあった。暗いトンネルの中で小さな針の穴のような出口の明かりが見えた気がした。

オフィスに着くやいなや、小野と共にヒアリングしたコメントを整理した。そして、東

洋テクノロジーが応えられる課題とそうでない課題を分類し、応えられる課題には具体的な解決策を示した。そうでない課題については、プロとしてできうる限り解決に向けた糸口を考察し、提言として整理したうえで提案書に盛り込んだ。伊賀にもレビューを依頼し、ブラッシュアップに向けたアドバイスを受けた。

そして提案の日が来た。改めてお客様を訪問し、部課長の前で小野がプレゼンテーションを実施した。それも、事前に世良がプレゼンテーションのロールプレイを実施する熱の入れようだった。初期提案書は、課題解決策の適合度をお客様と議論し、さらに深くヒアリングを進めるための資料として位置づけ、費用見積もりなどは盛り込んでいない。

プレゼンテーションを聞き終えた部長は、しばし沈黙してから口を開いた。

「課題2の解決策はもう少し検討の余地があるが、課題1と3のほうはすぐに判断して進めるべきかもしれないね」

世良は、内心ガッツポーズをしながらも、何食わぬ顔で冷静さを保って答えた。「さっそくその部分の詳細を詰めて、費用を含め、より具体的なご提案書をお持ちします」

帰社する道々、提案がうまく進んだにもかかわらず、小野は寡黙だった。世良が「おいおい嬉しくないのかい？」と聞くと、小野はポツリと答えた。

「いえ、もちろん嬉しいです。私は今期の目標達成に苦戦しているものですから。今回の案件が受注できれば、随分と目標に近づけます」

「だが、浮かない顔をしているな」

「ええ、こうやって部長のお力で受注が取れても、藤代課長は評価しないと思いますから。むしろ私への風当たりは強くなるはずです」

世良は驚いた。

「なぜ、新規受注をいただけるかもしれないのに評価されないなんてことになるんだ？」

小野は苦笑いを浮かべて、「部長は本当に変わっていますね。失礼ですが、東洋テクノロジーの変種だっていう噂は本当ですね。この東洋テクノロジーという会社は何だか皆が社内を向いていて、ドロドロした感情や偏見が渦巻いています。部長に突然変異というレッテルを貼るのと同様、このさき、私は部長の手を借りねば受注できない半人前だと言われ続けるでしょう」

オブラートに包んだ物言いだが、つまるところ素人部長に手助けしてもらった受注というのを、藤代や周囲が認めないだろうということだ。

突然変異というあだ名は、生真面目に会社を良くしようとする姿勢を揶揄され、企画本部でつけられたものだった。企画本部長の漏らした一言が周囲に伝わったのだと思うが、そのあだ名を人づてに耳にしたとき、世良は自分にとっての勲章なのかもしれないと肯定的に受け止めたものだった。だが、小野からすれば、はみ出しもの程度の意味なのかもしれない。

世良は、小野のもらしたつぶやきを聞いて、ビジョンを実現するための標準的な営業プロセスづくりが、一部の部員にしか受け入れられない背景を垣間見た気がした。個人商店主が立派に勤まらなければ、周囲から一人前の営業とは認められないということか。

「君は何か勘違いしているようだね。今回、私が君と一緒に進めた営業活動の流れは業務改善プロジェクトのメンバーが議論した結果だ。つまり他人の知恵だよ。君たちの理屈からすれば、それは人の知恵を借りるという半人前の行為に映るのかもしれないがね。君たちの理屈は伸び盛りの市場には通用しても、この成熟しきった競争の激しい市場では通用しない。われわれ現場でお客様に接している部員全員がお互いの知恵を出し合って協力しなければ、この市場では生き残れないんだよ。君もぜひプロジェクトに参加しないか？」

若手の小野は、「考えさせてください」と言ったきり、話さなくなった。おそらく藤代から睨まれるのがよほど怖いのだろう。世良は、現場に存在する病巣の深さを改めて思い知らされた。

1月下旬、結果的にその案件は受注できた。景気の良かった頃はともかく、第4四半期に入ってからこれほど短期間に、新規の中規模案件を開拓して年度内に請求に至るなど、最近の東洋テクノロジーの営業案件では異例であった。

その他の案件の動きを見ても、数値は未だ足りていないものの、世良はようやくこれまでの苦労が成果に結びつく兆しが増えつつあることを実感していた。

価値観の違い

その高揚感も、会社に戻った途端に消え去った。月末の営業本部会議の日程を案内するメールが届いていたのだ。世良は、一気に憂鬱な気分

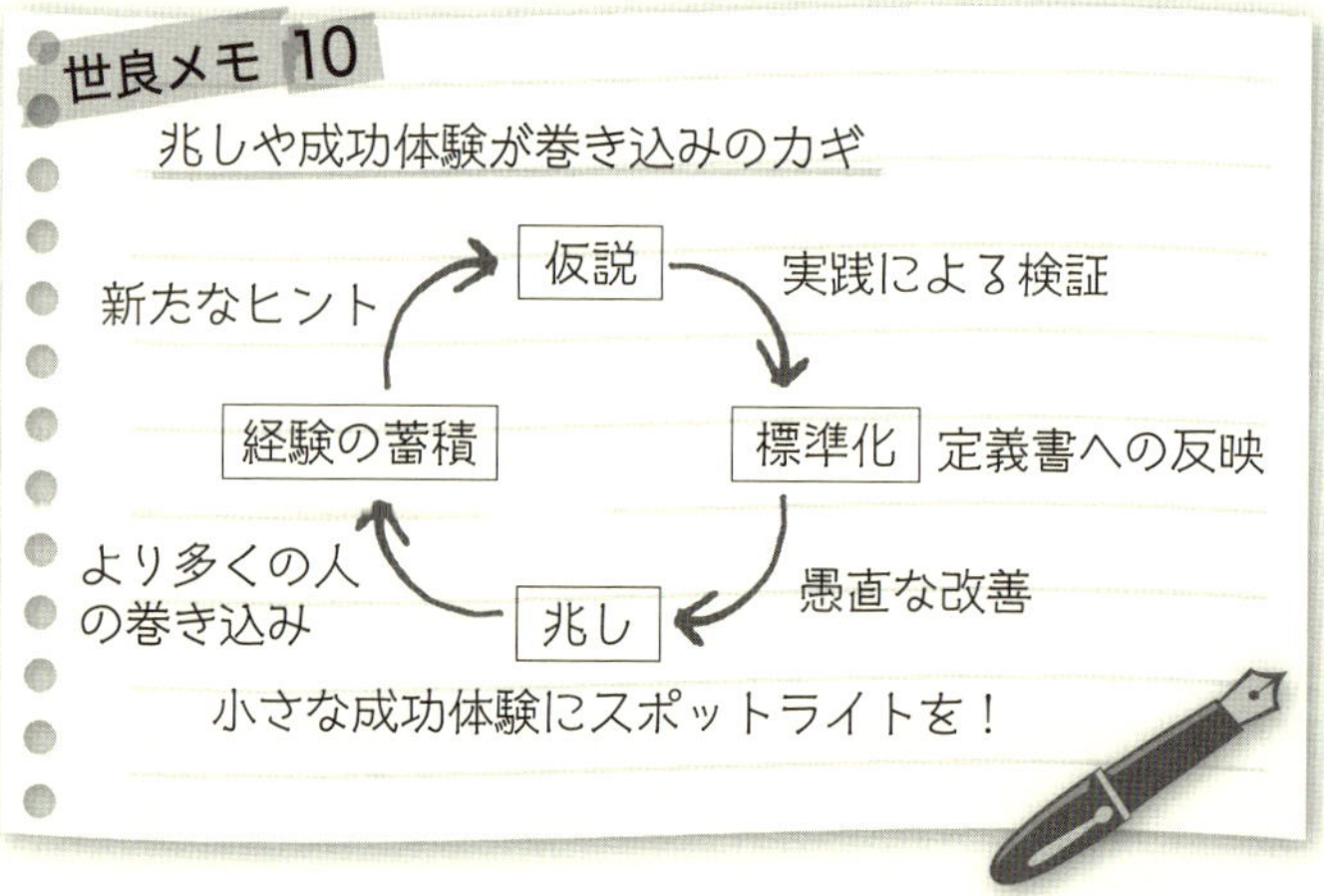

に陥った。長門専務や山野と約束した期日がもうすぐやってくる。何件かの小規模な新規案件受注や既存案件の受注確度向上は見られたものの、数字は挽回できたとはいえない。鬱々と仕事をしていると、小野が時間をもらえないかと声を掛けてきた。ご丁寧に会議室まで準備している。人に聞かれたくない話というわけか。

世良が会議室に入ると、小野だけでなく、その先輩格である安藤江梨花も待っていた。世良が腰かけるやいなや、いきなり安藤が「今日は部長にご説明願いたいことがあって、時間をいただきました」と切り出した。

言葉使いは慇懃だが、のっけから喧嘩腰だ。

「私は藤代さんや山野部長から、素人の世良部長の取り組みなどに意味はない。すぐに失敗するはずだと聞きました。なぜ部長はそうまでして無駄な取り組みに時間を使うのですか？　『お客様の声をもっと聴こう！』なんて、ウチが対応できない声なんか聞いてしまったら、どうするんですか？　今はお客様への訪問件数を増やすべきではないでしょうか」

「無駄なことというのはどうかなぁ。それに、安藤さんは訪問件数と言ったが、業務改善プロジェクトのメンバーは、参画していない人よりも訪問件数がかなり多いんだよ」

「やみ雲に訪問しても、効果的ではありませんよね」安藤はそれでも強気を崩さない。

「そうだね。訪問がやみ雲ならその通りだ。だが、彼らは自分たちで定義した営業プロセスの中で訪問の目的を明確化しているんだ。たとえば、橘君は今日、提案先のお客様に意思決定支援のために訪問をしている。そのために何をするかも、彼らなりに明確化しているよ」

「でも、そうやって画一的に営業活動をしても、成果は上がりませんよ。むしろお客様への柔軟な対応力が削がれますし、営業担当者の創造性も阻害します」

「そういう側面はあるかもしれないね。でも、仮説を立てて検証するこの取り組みから、私にはこれまで以上に創意工夫が進んでいるように見えるし、何よりもビジョンを実現する営業プロセスの検討は緒に着いたばかりだ」

「検討中なんて、そんな不完全なものを組織に展開してはダメでしょう」

「最初から完璧なものはつくれないよ。それに、仮に策定できたとしても、自分の考えたものでなければ、メンバーが実践するのは難しいだろうな。だから、メンバーの成長に合わせて自分たちで知恵を出し合おうと考えているんだ」

「でも、実際の営業活動と乖離していますよ。私はあんな取り組みはしていませんよ」

「そりゃあそうだよ。実際の営業活動が不足しているか、効果的でないから、数字が上がらないんだ。そんな現状の営業活動に合わせても仕方ないだろう。でも、ありがとう。安藤さんは標準的な営業プロセスに目を通してくれたんだね」

「年度末に数字が足りないというのに、部長は悠長すぎませんか？」

「これまでにどれだけ適切な営業活動をしてきたのかで成果が分かれる。遅すぎるということはない。私は今からでもより効果的な営業活動の実践を目指したい。それに、従来のやり方を繰り返したところで限界がきているということは、安藤さんも感じているんじゃないのか？」

「だから、私は東洋テクノロジーの製品やサービスがお客様に受け入れられるものになっていないのが問題だと言っているんです。価格競争力もありません」

「確かにそうだね。では、安藤さんは、今後、製品やサービスをどうしていけばいいと思う？」

「それは、もっとお客様の声を聴かないと――、あっ！」

「確かにそうだ。お客様の声をもっと聴くべきだよね。どうやら1周回って元に戻ったようだし、それにはじめて安藤さんと意見が一致して嬉しいよ」

深追いは禁物だと思った世良は続けた。「人はいろいろな価値観を持っている。安藤さんも顧客の役に立ちたいという一点で、私と価値観の一部を共有できていると思う。やり方が違っても目指すところは同じだね。話せて良かった。小野君、業務改善プロジェクトに参画する件、考えてくれたかな？」

「……」

小野は沈黙で応えた。

「そうか。だが、まずは目標を達成するのが先決だ。そのためには部長でも何でも使えるものは使って、成果を上げることを考えてもらいたい。頼むよ」

世良が退室しようと立ち上がった、そのときだった。安藤が目を据えてまくしたてた。

「私は業務改善プロジェクトに参加します。でも、部長に説得されたわけではありません。使えるものは何でも使えとおっしゃったからです。本当にそこに売れるノウハウが集まるなら、使えるはずでしょう。小野君、あなたも一緒に参加しなさい」

「えっ、いいんですか？」

安藤による突然の発言に驚いた世良も、小野の咄嗟の反応には苦笑した。まるで、年上の女房の尻に敷かれる若旦那だ。これは絶対、兆しを何よりも楽しみにしている伊賀が大喜びしそうな話題だ。

そして――。随分と後になって、世良が半年間の苦労を振り返ったとき、安藤が業務改善プロジェクトに参画を申し出たこの瞬間こそが、まさに成否の境目であったことに気づいた。ようやく世良の目にも、遠くに小さく光る暗いトンネルの出口の輪郭が確実に見えてきた。

第10話　完

よくあるケース22

具体的な成果が出ていないのならば、兆しなどに意味はない。

対象者
営業組織の責任者、経営幹部

対処方針
変革の暗いトンネルが終盤に差し掛かると、成果に繋がる兆しが増加する。それをタイムリーに捉え、組織内で共有していくことはきわめて重要な取り組みだ。たとえば「彼は昨日お客様から褒められたんだよ」などのように、ささいなものでも構わない。兆しの増加は、前向きに取り組むメンバーに確信を与えるだけでなく、それ以外のグループにも良いインパクトを与える。

暗いトンネルも、出口が近づくと、少しずつ変化の兆しが増加する。首都圏開発営業部では、第４四半期に新規の案件を開拓し、受注に至るというケースが複数発生している。大きな額の案件ではないにせよ、東洋テクノロジーの営業部門における常識からすれば、これは異例のことである。それが、中立派や反対派のメンバーに対して、ボディーブローのように重いインパクトを与えている。
世良は認識していなかったが、小野が藤代ではなく、世良に営業同行の相談に来たのも兆しのひとつである。変革リーダーは、メンバーと共に愚直に取り組みを進めながら、こういった兆しを探し、スポットライトを当てていく。それが、中立派や反対派にインパクトを与えることを知っているのである。

よくあるケース23

あいつは、今まで新しい取り組みを無視してきたはずなのに……。今さら賛成するとは。

対象者
営業組織の責任者

対処方針
さまざまな兆しにスポットライトを当て、プロジェクトの活動が加速すると、これまで距離を置いていたメンバーが自発的にプロジェクトに合流してくるようになる。その際、重要なことは、彼らがスムーズに合流できるよう配慮することである。

変革の兆しが増加するこの時期、無理な勧誘をしなくても、これまで無反応だった層のメンバーが勝ち馬に乗り遅れないようにと、変革推進側との距離感を縮め始める。変革リーダーはうまくこの流れを捉え、変革のスピードをさらに加速する必要がある。

これまでの経験から、世良は価値観の違いを乗り越えることがいかに難しいか認識していた。実際、業務改善プロジェクトをスタートさせたばかりの頃も、否定派や中立派に勧誘を試みて大きく失敗している。だから、安藤に対しても、無理な説得を試みていない。そのかわりに、自分のブレない姿勢を見せることだけに集中した。もし、世良がロジックで説き伏せようとしたなら、安藤は進んで業務改善プロジェクトに参画しようとしなかったかもしれない。

安藤は、「世良部長は長門専務にガツンとやられて、無駄な取り組みは止めると言うと思うよ」と藤代が吹聴していたときにも、世良が「自分がこの首都圏開発営業部の責任者である限り絶対に止めない」と宣言するのを聞き、ブレないリーダーだと感じていた。そのことも、安藤の変化に大きな影響を及ぼしている。焦りを感じている世良にしてみれば、手ごたえがなかったとしても、メンバーの心にはしっかりと響いていたのである。

世良や業務改善プロジェクトのメンバーは、参加を表明した安藤にネガティブな態度を取らず、暖かく活動に迎え入れた。それが、変革の暗いトンネルを脱することができた、まさにその瞬間である。後は、取り組みをどんどん加速していくのみだ。

第11話

変革を加速する
——誰の目にも明らかな変化

暗いトンネルを脱した変革は、ついに誰の目にも明らかな変化を生み出し突破段階に差し掛かる。実際の変革の流れでは、突破段階はまさに最終局面に相当し、それまでの苦労が何だったのか、とリーダーに疑問を抱かせるほどだ。

この頃は、中立派だけでなく、反対派も、当初から変革活動に参加していたような顔をして合流するメンバーが増加し、もう、転がり始めた岩を止めることは誰にもできないと感じさせる。

岩が転がり始めるとき

1月下旬、世良は少し拡大した業務改善プロジェクトのメンバーたちと「顧客のパートナーになる」というビジョンを実現するための標準営業プロセスを愚直に実践し、かつ改善を進めていた。この頃はメンバーたちにも、顧客の声を「聴いて」「考えて」「描く」というパートナーとしての基本動作が確実に定着していた。これまでは、過去の提案書の微修正で済ませていたものを、今では自分の頭で考え、しっかりと顧客の困りごとやりたいこと、つまり問題点や課題の解決につながる提案を描くことが習慣化している。

特に、白紙のA3用紙を使ったヒアリングの手法は、メンバーの間でさらに改善が加えられていった。文章で顧客が口にしたコメントを忠実に書き込もう、そしてそれをその場で顧客と共有しようという段階から、重要度や緊急度を顧客に判断してもらったり、その場で提案書に盛り込めそうなイメージ図を顧客と共に描いて持って帰ってくるメンバーも出てきた。

そして心強いことに、参画間もない安藤江梨花がプロジェクトで活躍し始めていた。

昨日の午後、安藤ははじめてA3用紙のヒアリングを実施し、顧客のキーマンである部長に、メモを大量に書き込んだA3用紙と赤ペンを渡してその場で修正をお願いしたら、熱心に書き込んでくださった、と喜んで帰ってきた。安藤らしい大胆なアレンジだ。

世良がその話を、伊賀にメールで共有すると、即座に「それはぜひ、ユニークな名前をつけて、標準的なプロセスに取り込みましょう！」というメールが返ってきた。

それをメンバーに図ってみると、「安藤スペシャル」という名前がつけられた。さすがに世良は、安藤から物言いがつくだろうと思ったが、意外にも安藤はあっさりとそのネーミングを受け入れた。それればかりか、自ら講習会を企画し、その進め方を他のメンバーにレクチャーし始めた。

その後、「安藤スペシャル」は、その有効性が他のメンバーの実践でも検証され、正式に標準的なプロセスの要素として採用された。

明らかに、安藤を代表とする部員たちは変化していった。この流れに、世良は、正直いって驚いていた。彼らが、自分たちでつくったビジョンを実現するための戦略を自分たちで立て、貪欲に仮説検証を進めてメンバーで共有し、標準的な営業プロセスの定義書という形あるものに残し始めたからだ。

さらに、この改善の動きを後押ししたものがあった。それは、「課題が整理できたよ。ありがとう」「そうそう、これがやりたかったんだよね」といった、ちょっとした顧客の前向きな反応の積み重ねだ。


世良は大きな岩を連想していた。静止している大岩を動かすには、途方もない力が必要だ。だが、苦しくても押し続けると、「じりっ」と動く。それでも汗を流しながら押し続けると、「ごろっ」と動く。それでも――。そうやって諦めずに汗をかきながら押し続けると、ついには、動かそうとした当の世良が止めようとしても止まらないのではないかとさえ思えるほどの加速が生まれる。

メンバーの熱の入れようを見ていると、そういう連想を抱かずにはいられなかった。安藤江梨花が職場で笑顔を見せるのを、世良ははじめて見たからだ。

そして、それを驚いて見ているのは世良だけではなかった。反対派や中立派の部員も見ていた。彼らは、内心焦りを覚えているはずだ。あの動かない大岩の象徴だった安藤の変化を目の当たりにすれば。

岩が転がり始めた。業務を変えることよりも、人が持つ意識が変わることの重要さ、その力強さに世良は管理者として、いやそれ以上にリーダーとしてきわめて重要なことを学んだ気がした。

この1カ月間の振り返り

その夜、「吉祥寺で穴場のコーヒーショップを見つけました。明日は休日ですし、どうでしょう、この1カ月の総括をしませんか？」というメールが伊賀から届いた。

翌日、指定のコーヒーショップで伊賀と合流した世良は、伊賀のおすすめコーヒーをオーダーした。それは、グァテマラ産のコーヒー豆を使用している挽き立てのブラックだった。

伊賀は、「どうです？　この芳醇な風味」と得意げだ。これが彼なりのアイスブレイクなのだと、今はもう世良も気づいている。メールでは逐次、情報を共有していたが、改めて世良の口から、この1カ月のプロジェクトの活動を報告した。もちろん、あの「安藤スペシャル」の逸話もだ。

伊賀は面白そうに話を聞いていた。

「以前一度、私が世良さんの質問に答えなかったことがありましたよね。確か、いただいたご質問は〝聴いて、考えて、描く〟というパートナーになるための基本動作を継続していれば、他社の営業に勝てるか？　もっとレベルの高い取り組みが必要なんじゃないか、でしたね。今、ご自身でその問いに答えるとしたらどうでしょう？」

世良はしばし考えて答えた。

「そうですね。お客様の話を聞きながらA3用紙でヒアリングする手法や、それを顧客と一緒に加筆修正するような安藤スペシャルなんかは、他社の営業担当者が実践しているとは思えない。それに、提案書もお聞きした課題を分析して、オリジナルなものをしっかり作成している。私たちには顧客の課題解決パートナーになるために必然性のある重要な取り組みですが、これほど提案書の作成にエネルギーを注ぎたいと思う会社はないでしょうね。そう考えると、〝聴いて、考えて、描く〟という基本動作だけでも、まだまだ工夫して他社との違いや他社が真似できない差異化を図ることができそうです。ただし、首都圏法人営業部の山野なんかに言わせると、きわめて効率の悪い営業方法だそうですが」

それを伊賀が引き継いだ。

「メンバーにとっては、コピーアンドペーストで他の人の提案書を転用すると、世良さんから一喝されるわけですから、それはもう必死で描くしかないでしょうね。橘さんから聞きましたよ。『コピペ禁止令』。それが、周囲に伝わって、また効率が悪いと、営業部内で評判を落としたそうですね」伊賀が面白そうに話した。

「最近は、メンバーのスキルも向上し、集中して作成すれば比較的短時間で描き上げられるようになりました。描かなければ、基本動作も上達しませんからね。下手な鉄砲も数撃ちゃ当たるで、パンフレット程度の提案書をばらまくよりも、1件1件お客様と向き合い、オリジナルな提案書を描く時間を割いたほうが、確実に成果につながることがわかりました。顧客に刺さる提案書が描けるようになれば、後はスキルアップなどで時間短縮が図れる。私にはこちらのほうが効率的だと思えるのですが、山野とは効率性の観点が違うんでしょうね」

伊賀が応じる。「私は世良さんに賛成です。まず、営業成果を向上するための突破口を探す。そして、それをより多くこなせる方法を考えるという順に進めなければ、成果を向上させることは難しい。とにかく人間関係を良くしろ、数をこなせ、だけでは全体の数値を上げることはできませんよね」

世良が続けて、「実は、最近、プロジェクトのメンバーになった小野君が――、そう、安藤の弟分ですね、面白い提案書を作成したんです」

「ほう。どんな？」

「課題をお聞きした直後の提案書の目的は『お客様との間で課題解決策のフィット感を確認することや、さらに深くお話を聴くこと』と聞いて工夫したものなんですが、見開きの左側のページに提案を、右側にはそれに応じたワークシートを掲載するようにしたんです。まず、左のページを説明しながら、お客様にさらに問いかけます。次に、お聞きしたコメントを右ページのワークシートに書き出す。さらに、ここがポイントですが、小野はそれをお客様にコピーしていただいて、手書きの原本を置いてくるんです。次回、もっと良い提案書を持ってきますと。これはもう、山野が聞いたら、頭から湯気が出そうな効率の悪さですよ」

世良は、伊賀をひとしきり笑わせた後、真面目な表情に戻り、付け加えた。

「小野はその提案手法で、小さいながらも短期間に1件の受注と次年度につながる中規模の見込み案件を創出しました。そして――」

世良はまた破顔して、話を続けた。「その手法は今、小野スペシャルと呼ばれています。そういった小さい工夫を体系化した標準プロセス定義書も、メンバーの愚直な取り組みで改定が進んでいます。定義書として目に見える形にすれば、改善も進みやすい。そうですね、さきほどの私自身の質問への答えは、『このままこの取り組みを続けていけば必ず勝てる』ですか」

それを聞いて、伊賀は満足そうにうなずいた。そして、こう締めくくった。

「後は、最後の壁との戦いです。それは東洋テクノロジーが持つ変革に向けた壁そのものだ。世良さん、リーダーとしてもう一度あなたの矜持が試されます」

縮まらない計画との差分

伊賀との振り返りに高揚したのもつかの間、ついに1月末となった。長門専務にリカバリープランの期限として指定されていた営業本部会議が、とうとう明日に迫った。数字の取りまとめを終えた世良は、岩が転がり始めた高揚感とは一転、どん底の気分を味わっていた。まだまだ数字が足りないのだ。

これは首都圏開発営業部だけの傾向ではないが、虎の子である既存の顧客からの収入が目減りしている。それでも、首都圏開発営業部のここ最近の新規の案件形成が、多少なりとも目減り分を補い、他の部に比べればまだ減り幅は緩やかだ。首都圏開発営業部の現在の劣勢は、大口の新葉電器からの発注が上期で途絶え、期首の計画に盛り込んでいた同社の大型プロジェクトを他社に持っていかれたことが大きく響いている。

この時期にはめずらしく、新規案件を既存顧客のみならず、新規の顧客からも獲得して営業力の高まりを示す兆しはあるものの、目標との大きな乖離は埋めようもなかった。そして、予測通り、営業本部会議の結果は惨憺たるものとなった。

世良の机叩き

営業本部会議は、首都圏法人営業部の部長である山野による営業進捗状況の報告からスタートした。首都圏法人営業部も未だ目標とは大きく隔たりがある。山野の報告は、具体的な課題やその解決策への言及がないままに、現状報告に加え「最後まで諦めず頑張る」といった話でまとめられたが、長門専務からはさしたる指摘もなかった。

続いて、世良による首都圏開発営業部の営業進捗報告が始まった。課題を明らかにしつつ営業活動の改善による成果が少しずつだが出ている点を説明するや、突然、長門専務の怒声が響いた。

「君は1月末までに数字を挽回すると約束したのに、この体たらくはどういうことだ。

いったい、どう責任を取るつもりなんだ。君のマネジメント力の不足から、本部全体が赤字に転落する可能性が出てきたぞ。世良君は自分が営業担当者のように提案書を書いたり、客先に出かけたりしてほとんど会社におらず、まったくマネジメントができていないと、君の部下からも聞いている。この状況ではもう君には任せられないから、山野君に首都圏開発営業部を見てもらいたい」

世良には、自分に向かってというよりも、むしろその場にいる本部の各営業部長たちに自分に楯突き、白旗をあげない世良へのペナルティーを聞かせるためのパフォーマンスに見えた。

どこそこの組織を「見る」という表現も東洋テクノロジーに昔からある隠語で、いかにも担当者が仕事をして、それを上から管理監督することが管理者の仕事であるようなものの言い方だ。しかし、今の時代には合わないと、世良は感じている。そういったところにも、東洋テクノロジーの内向的でずれたマネジメント感覚がにじみ出ている。

「専務、お言葉ですが、確かに約束を果たせなかったのは私の責任です。その責めは負いたいと思いますが、まだ期は終わっておらず、しかも現在、営業成果は少しずつですが向上しています。今期はこのまま取り組みを進めさせていただけませんか？」

長門専務は、一度も世良の目を見ずに、「今後は、山野君が首都圏法人営業部と首都圏開発営業部を部長として兼務し、世良君は彼の指導の下、首都圏開発営業部の副部長として桐島君のチームを見るように。それ以外は、山野君が直接見ること。世良君は何事も山野君に報告、相談するんだ」

そこに山野が、いかにも長門専務の腹心らしく追随した。

「世良部長が、首都圏開発営業部の営業活動の進め方を、随分と手間のかかる非効率な方法に変えた結果がこのように数字に響いているんですよね。世良さんは業績が向上しているというが、まだ随分不足している。この効率の悪い方法を続けていたら、全体としてこの先いつまで経っても首都圏開発営業部の数字は向上してこないのではないのですか？」

世良はこれ以上ないほどの激しい憤りを感じた。そして、営業本部会議の席上にもかかわらず、右手で「どんっ」と机を叩いて、大声を出した。

「いい加減にしてください。私は責任を取ると言っているでしょう。このタイミングで組織をいじって、一体どのような成果に繋がると言うんだ。それに、少しずつだが、成果が出ているという点も説明したはずだ。そういった小さいが、将来の財産になるような活動を承認せず、効率が悪いと切って捨てるのですか？　現在の売上高の落ち込みは改善プロジェクトとは明らかに無関係だ」

世良の大声に、長門専務は怯んだようだった。

東洋テクノロジーの長い歴史の中でも、営業本部会議のようなオープンな場で、役員に対して机を叩いて怒鳴った者はまちがいなく世良のみであろう。世良は、12月上旬にも、長門専務の意向に従わず白旗をあげないという選択をして楯突いた。その後、長門専務があちこちで世良のマネジメント力が弱いことが本部の目標未達成の原因だと吹聴して回っていると、企画本部の元同僚からも聞かされている。

そして今回、さらに衆目の面前で机を叩いて、異論を唱えたのであるから、この古い体質の会社では人事的なものを含めて相当のペナルティーがあるものと予測せざるをえない。

長門専務は、青白く無表情な顔で「責任者の変更に関する辞令は後日人事から出る」と、それだけを言い置いて、まだ始まったばかりの営業本部会議の場を去っていった。

結局、世良の主張はまったく考慮されず、世良は「マネジメントができない管理者」というレッテルを貼られ、首都圏開発営業部の責任者を山野に譲ることになった。

業務改善プロジェクトのメンバーも、課長の桐島の部下以外はすべて、山野の指示でプロジェクトから離脱することになった。その中には、安藤江梨花や小野も含まれていた。

安藤からの相談事

2月中旬、それでも世良は少なくなった業務改善プロジェクトのメンバーとさらなる仮説検証を進めていた。正直なところ、営業本部会議で机を叩いて怒鳴ったことはまったく後悔していなかったが、せっかく軌道に乗り始めたプロジェクトのメンバーが離れ離れになってしまったのはずいぶん堪えた。

また、伊賀からも「世良さんはまるで瞬間湯沸かし器ですね。部長職なんですから、もっと冷静に振る舞わなければ」と、たしなめられる始末だ。

確かに、もし、世良が長門専務や山野のように、伝統的な東洋テクノロジーの管理者が持つ社内のバランス感覚や政治力を持っていたら、

世良メモ 11

これからのプロジェクトの進め方

- 離脱メンバーは各々で継続
- 気づいたことを必ずメモに取っておいてもらう！
- 残ったメンバーで実践を継続し、
  目に見える成果につなげていく

なんとしてもメンバーを守る！

✕ 瞬間湯沸かし器

注 上からの圧力にどう対処するか

少なくとも、首都圏開発営業部やプロジェクトのメンバーにこのような苦労や迷惑を掛けるようなことはなかったであろう。そのときばかりは、ある意味で勲章だと思っていた「東洋テクノロジーの突然変異」という呼び名が疎ましく感じられた。

だが、良かったこともある。それは、首都圏法人営業部、首都圏開発営業部の部長を兼務し、世良の上司となった山野が、その後、比較的大人しいことだった。世良の予測では、ことごとに山野から報告を求められ、業務改善プロジェクトの活動も、事実上の停止を余儀なくされるものと半ば諦めていたのだ。

だが、不思議なことに、新たに首都圏開発営業部を直接「見る」ことになった藤代課長の担当課員に対しては「無駄なことに時間を使っている暇があれば、1件でも多くの受注が取れるよう顧客を訪問するように」と指示しただけで、世良や桐島にはなんら働きかけはなかった。

世良は、このときばかりは「机も叩いてみるものだな」と妙なことで感心してしまった。だが、山野の態度が大きく変化した理由は、世良の机叩きとはまったく無関係だった。その理由は、後にわかることになるが、今はまだ世良は何も知らない。

世良にとって励みになる出来事もあった。それは、このような状況でも、安藤をはじめ、先日までプロジェクトで一緒に活動を進めていたメンバーが、引き続き業務改善プロジェクトの振り返りセッションに参加したいと相談してきたことだ。

代表者として相談にきた安藤に、世良は内心では嬉しく思いながら、「山野部長からはプロジェクトの活動は止めるよう指示が出ていると聞いたよ。これは私からのお願いだが、当面の活動は一人ひとりが自身の仮説を立て検証するように皆に伝えてくれないか。何とか残されたメンバーが具体的な成果を生み出し、それを会社が評価できるところまで持っていく。そうすれば、また大手を振って活動が継続できるはずだよ」

だが、安藤は納得しなかった。

「世良部長は来年度そうそうに別の職場に異動されるともっぱらの噂ですよね。そうなれば、おっしゃっているようなことは無理ではないですか？」

相変わらず、安藤は言いにくいことを平然と言ってのける。しかも当の本人を目の前にして。

「まだ、すべてが終わったわけではないだろう。まだ1カ月半もあるんだ。最後までやってみるよ」

安藤はしぶしぶ、新しい自席に戻っていった。山野の指示で、席まで首都圏法人営業部の近くに移動することになったのだ。世良は、心の中で詫びるほかなかった。

「すまない。私の力が足りないばかりに」

成果の予兆

それは突然の出来事だった。首都圏開発営業部の売上高が目標に達しない最大の要因となった新葉電器の資材調達部責任者の鬼頭氏から、至急詳しい提案を持ってきて来てくれないかという電話が入ったのだ。

新葉電器とは長い付き合いで、毎年大口の契約をもらっていた。だが、世良が着任して1カ月半経ったとき、そのときもやはり、突然電話があり、鬼頭氏に責任者同士で話したいと言われたのだ。そこで、鬼頭氏は「御社にはわが社の悩みなどを伝えてきたが、提案が一切なかった」と、東洋テクノロジーに対する不満を口にした。その後は、世良の説得もむなしく、新葉電器は発注先を変更したのである。そして、このときの鬼頭氏の指摘が、世良をして業務改善プロジェクトを立ち上げさせるキッカケになったのだ。

世良は、業務改善プロジェクトの活動が進んだ段階の11月下旬、再び鬼頭氏にコンタクトを取り、A3用紙によるヒアリングを実施した。そして12月上旬、ちょうど長門専務とのやり取りが進むかたわら、鬼頭氏に初期提案、つまり課題解決の提言を行っていた。

長門専務が言う「世良君は自分で提案書を書いている」というのは、新葉電器の鬼頭氏向けの提案書であった。A3用紙でヒアリングを実施した際、鬼頭氏からは「考えていたことがしっかり体系化できたよ」と前向きなコメントをもらっていたし、世良が作成した課題解決のための初期提案書も真摯に聞いてくれていた。

世良は、提案後も折に触れ、新葉電器の鬼頭氏を訪問して、その後の検討状況はいかがですか、とリテンションを図っていた。

そしてようやく、その鬼頭氏から至急詳細な提案がほしいという電話がかかってきたのだ。

「世良さんが年末に提示してくれていた課題解決策の2番目の打ち手を覚えていますか？今回、わが社で開発する新製品開発プロジェクトに、その解決策が使えないかと考えているんです。世良さんが私の考えを絵にしてくれていたので、役員にも相談しやすくてね。そしたら良い感触を得られたので、至急、話を具体化したいんですよ」

すでに詳細な提案書を作成していた世良は、すぐに訪問することにした。迅速な対応に、鬼頭氏も「お待ちしていますよ！」と満足そうだ。

新葉電器の鬼頭氏から課題を聞いたとき、年明けから社内で新製品開発に向けた大型のプロジェクトが動き始めるかもしれないと聞き及んでいた。仮に、このプロジェクトを東洋テクノロジーが支援できれば、一定の成果につながるはずだ。世良は、午後の予定をすべてキャンセルし、年末に作成した詳細提案書の内容を全速力で確認し始めた。

第11話　完

よくあるケースと対処方針

よくあるケース24

変革を進めることができるリーダー像がイメージできない。

対象者　営業組織の責任者、経営幹部

対処方針　組織に対し目指す方向を指し示すことは、比較的容易だ。そのうえで、自らも汗をかくことを辞さず、動かない現場を動かすことができる「岩を動かす」リーダーが求められる。

世良が抱いたイメージのように、変革は大きな岩や巨大な車輪などにたとえられることが多い。これは、事業や業務の、あるいは組織風土に関する変革であっても同じだ。どれほどリーダーが力を尽くしても、少しも動かない、動かせない。それでも、諦めずに押し続けていると、少しだけ動く。さらに押し続けると、少しずつ動き始める。そして、ついには加速がつき、変革は突破段階に入っていく。

一般的に、変革リーダーとは組織に新たな方向性や概念を持ち込む人のことだと解釈されることが多い。だからこそ、創造性や革新性を高める能力開発が重視される。だが、実際に、変革といえる取り組みを成就させたリーダーは、ビジョンを示すだけでなく、自らも汗をかき、現場と共に岩を動かす作業にエネルギーを注ぎ込める人物であることが多い。その過程で、リーダーの持つロジックだけでなく、人間性や価値観も試されるのである。頭でっかちなだけでは、変革などとうてい成し遂げられるものではない。

しかも、世良の場合、自分を支援してくれるオーナーの存在もなく、巻き添えを食いたくない、自分に従わない、気に入らないという理由で、その活動の内容を掘り下げもせずに排除しようとする後ろ向きの圧力と戦わなければならなかった。そういった社内の圧力にどのように対処していくかという点も岩を動かす能力の一部となる。

現時点においても、世良には特段、業務の変革を進めているという自覚はないし、自らを変革リーダーであると考えたことはない。だが、世良が抱えるすべての苦悩や迷いを知るわけではない桐島ら周囲のメンバーからすれば、自社の将来を真摯に考え、常に最前線に立ち、ブレることのない世良の姿こそが、周囲からの逆風にさらされながらも変革活動を継続するモチベーションの源泉になっている。取り組み自体は小規模ながら、世良はまちがいなく変革リーダーのひとつの典型であるといえる。

よくあるケース 25

変革リーダーをより効果的に育成する方法はないものか。

対象者

営業組織の責任者、経営幹部、将来リーダーを目指すフォロワー

対処方針

マネジャーと共に「暗いトンネル」をくぐり抜け、本気の変革活動を経験したメンバーの多くが、やがてすばらしい変革リーダーに成長していく。そこで、幹部がオーナーとして現場を支援し、戦略的に変革活動の場を生み出し、その取り組みを通じてリーダーやフォロワーを育てていくアプローチが有効となる。

暗いトンネルを世良と共にくぐり抜け、突破段階を経験した桐島や橘、安藤、小野らは、いずれ次の変革リーダーとして能力を発揮していくことだろう。この後も厳しい市場環境の変化に晒されていく東洋テクノロジーにとって、彼らは重要な財産となる。

この事例を応用することで突破口が見えてくる。たとえば、小集団活動を現場に導入するのもよい。むろん、形だけの導入では何も生まれない。ここでもやはり本気度が問われる。そういった組織一体となった活動を通じて変革リーダーやフォロワー、さらには優秀なオーナーの原石を養成するのである。

具体的には、現場のマネジャーを中心とするチームを1つの単位として、改善活動を進める仕組みを社内に導入する方法がある。幹部が適切にオーナーシップを発揮すれば、必ず変革の受容性が高いチームからユニークな動きが生まれる。業務改善活動から生まれる成果、たとえばコスト削減などだけに目を奪われるのではなく、活動の内容やリーダー、メンバーの変化に着目することが重要だ。時にはオーナーによる前向きな圧力によって修羅場を演出し、変革志向を持ったリーダーやフォロワーを伸ばしていくことも可能だ。

弊社のヒアリング調査によると、企業変革を成し遂げた経営トップの多くが、業務改善活動などのミニ変革の場を社内に導入しているという結果が出ている。しかも、その仕組みを導入した最も重要な目的が、人材の育成にあると答えている点が象徴的だ。

第12話

変化をテコに
阻害要因を解消する

変革に着手する際、その妨げとなったさまざまな障害も、変革が突破段階に差し掛かると容易に解決することが多い。

変革をよりスムーズに進める能力を持ったオーナーやリーダーは、スモールスタートというアプローチで変革をスピーディに成功に導き、その事例をテコに、より大きい変革に着手する。

団体戦の勝利

新葉電器のキーマンである資材調達部責任者の鬼頭氏から急な電話をもらったその日、世良はあらかじめ12月中旬に作成しておいた詳細な提案書を再確認し、その場にいた橘に同行させて新葉電器に急行した。この流れも、顧客の課題解決パートナーになるというビジョンを実現するための標準的な営業プロセスに整理されているものだ。

まず、提案は大きく2段階に分かれる。第1段階は、ヒアリングで浮かび上がった課題に東洋テクノロジーとして真摯に応えるためのステップだ。それは、東洋テクノロジーの商材を前面にした売込色を出すのではなく、しっかりとした論理的な考察の下、この業界のプロとして責任を持ったベストな課題解決のロジックや方向性を提示するというものである。そして、その方向性がお客様の持つイメージに合っているかを確認しながら、より深く課題について聴くのだ。このステップでは、商談における提案というよりも、課題解決のプロとしての「提言」と表現するにふさわしい内容の提示を目指している。小野スペシャルで定義された提案書も、ここで使用する。プロジェクトのメンバーは、これを「初期提案」と呼んでいる。

ただし、顧客が東洋テクノロジーの商材に紐付けた解決策を期待されている場合――それは大抵急ぎであるか、当社との取引が長い既存の顧客である場合が多いが、その場合には、顧客の期待に即応して、東洋テクノロジーの商材をうまく活用した課題解決策の提示を優先する。しかしあくまで、新規の顧客の場合は、初期提案ではあえて東洋テクノロジーの商材を紐付けた課題解決策は避け、プロとしての信頼感を獲得する方法を重視し、初期提案の最後に、東洋テクノロジーであれば、この範囲でより詳細な提案をさせていただけますと示唆するに留めるようにしている。

こうやって売込姿勢を極力押さえ、新規の顧客の信頼を得つつ、初期提案で課題解決策のロジックを聞いてもらう。それが顧客にとって有効であるという妥当性やフィット感を確認してもらったうえで、「よし、東洋テクノロジーに提案をさせてみよう」と考えてもらえたら、提案の第2段階に移る。

第2段階は、東洋テクノロジーが課題解決策の中で貢献できる範囲を改めて明示しつつ、自社商品やサービスによる具体的な解決策を提示するというステップである。ただし、あくまでも顧客の目線に立ち、売りたいものを押し売りするのではなく、顧客の困りごとやりたいことを実現するための詳細な商品・サービスを提示する。プロジェクトのメンバーは、これを「詳細提案」と呼んでいる。

こういった2段階での提案が実践されるのも、「顧客の課題解決パートナーになる」という首都圏開発営業部のありたい姿、ビジョンが共有されているからである。山野が効率が悪いと評するのは、こういった顧客サイドに立った念入りな営業の進め方を揶揄するものだ。

だが、経営幹部である長門専務や本部のナンバー2である山野に、増収に向けて一体どれほどのビジョンがあるのかすら、世良にとっては疑わしい限りだった。長門専務や山野は東洋テクノロジーの伝統的な営業の考え方で育ってきて、お客様と親密になる人脈づくりこそが営業の肝だと決めつけているふしがある。そして、営業活動の進め方に関していえば、「もっと訪問件数を増やせ」とか、「もっと客の懐に入れ」「もっと商材を幅広くぶつけてみろ」といった指導が漏れ聞こえてくる程度だ。

それ以前に、彼らは世良ら業務変革プロジェクトのメンバーが何をしているのかすら、知らないはずだ。ただ単に、首都圏開発営業部は業績が悪い。だから、進め方も悪いはずだという偏った考え方しか持たないのだと思う。営業成果はそのプロセスにより生まれるものだが、彼らの目には現状の結果がすべてなのだ。こういうリーダーが支配する組織では、新たな取り組みが進む可能性は低かろう、と世良は痛感した。

そして、業務改善プロジェクトがまとめたビジョンを実現するための標準的な営業プロセスの定義書にはこうある。

――顧客に第1段階の提案（初期提案）を実施したら、2週間以内に第2段階の提案（詳細提案）をまとめておく。

これは、課長の桐島の経験に基づく教訓を反映したものだ。桐島はこれまでの仮説検証活動で、第1段階の初期提案で顧客に好感触を得ながらも、第2段階の詳細提案まで時間を空けすぎて、提案機会を逸したことがあった。

「顧客がホットなうちに次の提案を実施すべし」これが桐島の信念になった。こうして首都圏開発営業部では、長門専務や山野が信じて疑わない、営業担当一人ひとりの個人商店主による「個人戦」を基本とした営業活動から脱却し、メンバー同志が成功や失敗経験から得た教訓を交換しあい、チームとして成果を向上する「団体戦」を実現しつつあった。

今回、新葉電器の鬼頭氏は、12月上旬に世良が提示した第1段階の初期提案に対して随分と共感してくれたようだが、すぐに第2段階の詳細な提案をしてほしいとは言わなかった。だが、世良は、新葉電器の信頼を回復するためには、万一にでも、鬼頭氏が詳細な提案を求めた際に即日対応できるような準備をしておくべきだと考えていたのだ。

そこで、桐島の教訓を活かした定義書に沿って、12月中旬には詳細提案をまとめておいた。それが、2月の中旬になって活きた。これは、「個人戦」を脱却した首都圏開発営業部が、「団体戦」で勝利をおさめた象徴的な事例となった。

新葉電器の判断

世良は、新葉電器の受付から鬼頭氏を呼び出した。

「まさか、今日来てくれるなんて考えていませんでしたよ。世良さんがおっしゃったように、わが社の課題解決パートナーになりたいという言葉は本気だったんですね」鬼頭氏は世良の訪問を喜んだ。

「鬼頭さん、ぜひこの提案をご検討いただき、役員への説明にご活用ください」

世良は、あえて鬼頭氏が役員に対して説明する状況を想定して、具体的な話を心掛けた。世良の説明を聞き終わった鬼頭氏は、びっくりする提案をしてきた。「わかりました。このまま役員に説明をしてきたいと思います。世良さんさえよければ、この会議室でお待ちいただければと思いますが、どうでしょう?」

それを聞いた世良は、「もちろん、お待ちします。取締役から再検討の指示も出ると思いますから、即応したいと思います」

結局、世良と橘はその会議室で待機することとなった。

1時間後、鬼頭氏が上司の役員を伴って現れた。名刺交換を済ませ、鬼頭氏が口を開いた。

「今回、世良さんが提案してくれた共同プロジェクト方式ですが、御社には実績はあるのですか?」

「はい。最近になりますが、他社で共同プロジェクト方式による製品開発をご支援した事例があります」

世良は自信をもって答えた。それは、業務改善プロジェクトのメンバーが新規の顧客から獲得した案件で、東洋テクノロジーがはじめて取り組んだ方法だ。製品開発の上流工程に参画するといっても、まだ案件の額としては、それほど大きいものではなかったが。

「そうですか。桜井さんからご質問はありますか？」

鬼頭氏の上司である今回の新製品開発プロジェクトを統括するという取締役の桜井は、世良が想像していたよりもずっと若かった。おそらく将来を嘱望される期待のリーダーなのだろう。

「特に質問はありませんよ。詳しく整理いただいていますからね。今回のプロジェクトは、弊社が市場で新たなブランドを確立するための重要なステップです。正直申し上げて、現時点で私共は御社に対して信頼感を持っていない。だが、この提案書は弊社の悩みをしっかり聞いてくださり、御社が本気で応えてくれたもののように思える。もう一度、東洋さんとご一緒できるよう、私から社長を説得したいと思います」

その瞬間、世良はあらゆる苦労が報われたような気がした。やはり、顧客から前向きな言葉をもらえることは、現場の人間として最高に嬉しかった。

早く伊賀にも伝えたい——。世良は思った。

東洋テクノロジーが排除された理由

後で聞いた話だが、東洋テクノロジーを取引先から外せというのは、新葉電器の社長の意向であったらしい。理由は、以前に鬼頭氏から聞いた通りだ。長年に渡る取引で、東洋テクノロジーは顧客の課題を解決するという意識が希薄になり、ただ単に製品やサービスを指示通り納入する役割しか果たせなくなっていたのだ。それなら、老舗の東洋テクノロジーよりも、もっと安く調達できる選択肢があるはずだというわけである。

それでも、新葉電器の業績が上向きであれば良いのだが、業績が低迷すればするほど、パートナーに求める役割も大きくなる。それにもかかわらず、東洋テクノロジー側は明日も、来週も、来月も、来年も、これまでと同様に取引が続くものと考えて、危機感を持つことを放棄していた。

世良は、今回の教訓から、営業本部全体にお

世良メモ 12

- 顧客の変化に対応し、
  自らも変化しなければ道はない
  → 取引が長いお客様ほど
  　自社のアプローチの見直しが必要
- 「調達屋」を脱却し、
  「課題解決のパートナー」へ
  → 売込み色を抑え、顧客の困りごとや
  　やりたいことにフォーカスを当てる
  → 売りたい商品の押し売りは止める
- お客様に対する役割、貢献とは何か、
  再検討する

ける既存顧客との取引に関し、現状果たしている役割の評価を実施し、資材の調達機能しか提供できていない顧客に対しては、営業方針を転換すべきだと感じた。

最終的に、このプロジェクトは新葉電器の社長も合意し、東洋テクノロジーが契約を獲得することができた。その額は、失った契約を上回る規模となった。新葉電器が他社に離れてからわずか5カ月後のスピーディーな復権だ。もう、新葉電器の失注を営業本部の業績悪化の最大の要因だと、世良を揶揄する者はいなくなった。そして世良を「素人部長」と呼ぶ者も。

それでも、本件に関しては後日談がある。もともと新葉電器の営業担当者は、山野が直接「見ている」藤代の担当に所属している。そのため、首都圏開発営業部全体の責任者となった山野がその点を声高に指摘し、当然のごとくプロジェクトの売上を藤代の担当の成果とした。その結果、このプロジェクトの受注によって、藤代の担当は年間の売上高目標を大幅に達成することとなった。逆に、世良と桐島の担当は、事業目標を下回る形で年度を終える見込みが強まったのである。

業務改善プロジェクトのメンバーらの納得しかねる表情をよそに、世良は実にサバサバしていた。

「もう誰の目にも、変化は明らかだ。従来の価値観しか持てない人の目には何も映らないのかもしれないが、業務改善プロジェクトの活動に続こうとする社員は、これから一気に増加するはずだ。岩が転がるスピードは加速しているよ。よく、半年でここまでやってこれたね」

半年間を振り返って

世良は半年間の戦いを振り返って思った。もし、新葉電器の鬼頭氏から突然引導を渡されなかったら、世良も、メンバーも、自分たちが変化をすべきだと考えなかったかもしれない。そして、わずか半年間という時間軸でメンバー自身が大きく変わり、次の世代の東洋テクノロジーを支えるに相応しい「顧客の課題解決パートナーになる」というビジョンを描き、具体化のための営業手法を創り出すこともなかったはずだ。

むろん、今回の出来事を教訓として、そのビジョンや手法は、この後もずっと改善し続けなければならない。そうでなければ東洋テクノロジーに未来はない。

管理者は、そういった市場に対応しようとする新しい兆しや行動を、古い価値観に根ざした指示や命令といった統制によって抑えつけるのではなく、あるときは自らが率先垂範し、変化を受け入れ、変化をリードし、メンバーが成長すれば任せ、諦めずに支援する。

そういったマネジメントに変えていくべきではないかと思う。おそらく東洋テクノロジーにとって、これが変化を受け入れる最後のチャンスかもしれない。

時期は3月末となった。世良は、長門専務や今や上司となった山野部長から、ギリギリと目標数値に足りない部分のリカバリーを迫られ続けるものと身構えながら、活動を続けてきた。だが、予想していたような圧力がないまま、世良はあっさりと年度末を迎えた。

業務改善プロジェクトのメンバーは、その後も愚直に活動を進めていた。確かに、年度内の数値目標を達成することはできなかったものの、次年度への案件積み上げは十分に実現できている。

ようやく、首都圏開発営業部は危機を脱した。おそらくは、新年度の人事異動で他所に配置換えを発令されるであろう世良は、少しだが肩の荷を降ろせた気がして、ほっとしていた。

楽しい打ち上げ

桐島の発案で、業務改善プロジェクトのメンバーが集まり、打ち上げを実施することになった。泣く泣くプロジェクトを離れた安藤や小野も参加した。むろん、伊賀も相変わらずのダークスーツで現れた。しかも、桐島の呼びかけで業務改善プロジェクトに参画したいという新たな部員や他部の社員も数多く交じっているようだ。

打ち上げはかなりの盛り上がりを見せた。もう、業務改善プロジェクトに、組織の壁は通用しないのかもしれない。

「このような打ち上げができるなんて、夢にも思わなかった」

世良は、中堅若手が入り乱れ、場が盛り上がるなか、隣に座る伊賀に本音を漏らした。

伊賀は、極端にアルコールに弱い様子で、グラス1杯の生ビールで真っ赤になりながらも、やはり質問を投げかけてきた。

「いかがでしたか？　変革を牽引してみて」

「そうですね。私たちが取り組んできたことが変革と言えるものかどうかは別として、もう一度最初からやれと言われたら、少々しんどいかもしれません。でも、これからの東洋にとっては、いろんな意味で現場の社員を巻き込んだ、こういった活動が必要になる。率直にそう思います」

「すばらしい。ぜひそうしましょう」

「もし、新しく配置される職場で変革が必要になったとき、伊賀さんはまた協力してくれますか？」

「もちろん、今度は報酬をいただきながら。むろん、格安にしておきますよ」

「では、穴場のコーヒーで手を打ちましょう」

伊賀が、妙に神妙な表情で付け加えた。

「でも、もう私の支援は世良さんには必要ない。私がお願いした通り、世良さんは自ら考え、壁に立ち向かった。だからこそ、貴重な体験を活かして変革を推進できるリーダーに成長された。その証拠に、世良さんはさっき、『私が』ではなく、『私たちが取り組んできた』とおっしゃった。実は、これって、変革型リーダーの定番のフレーズなんです。たった1人では変革を起こすことは難しい。でも……」

「そう。でも、フォロワーが1人でもいれば、変革をスモールスタートできる。そうでしたね？」

世良は感慨深げにまとめた。


この半年間、世良はこの風変わりな援軍にいく度となく助けられた。伊賀はもう、世良にとって戦友と呼ぶに相応しい存在になっていた。特にあの、麻布のコーヒーショップで世良の心が折れそうになったとき、「世良さんは始めたことをあきらめられますか？」という一言で、折れる寸前の世良をギリギリで踏み留まらせた。

世良はそのことを伊賀に伝えた。そして、かなり照れ臭かったが、伊賀の空になったグラスに生ビールを注ぎながら、改めて礼を言った。

すると、伊賀は、グラスを見ながらつぶやいた。

「感謝するのなら、ぜひ奥様に感謝してください。あの質問は私が潰れそうになったとき、先輩から投げかけられたものです。私がまだ新人に毛の生えたような頃、難しい案件を任されまして。かなり苦労しました。そのとき、先輩が何度か一緒に徹夜してくれて、朝方ひとりでぼんやりコンサルタントを辞めようかなと思案していたとき、あきほ先輩が投げかけてくださった問いかけです。私はその問いを支えに、今もまだコンサルタントを続けています」

世良が何か言う前に、伊賀が声を潜めて「でも、奥様には絶対内緒ですよ」

伊賀は、少し照れ臭そうに笑っていた。

藤堂の呼び出し

翌日、以前の上司であった、取締役で企画本部長の藤堂から呼び出しがあった。世良は、以前営業の流れを変えたいとの長門専務への上申に対して藤堂が、「世良はまだわかっていないのか」という発言をしたと聞いていた。それだけに、世良の一連の行動に一言、言いたいのであろうと、少々うんざりしながら、その呼び出しに応じた。

役員室に入り、挨拶を済ませて応対用のソファーに座ると、藤堂が切り出した。

「営業の仕事が、なかなか板についてきたようだね」

「ええ、最初はとまどいましたが、東洋テクノロジーが直面している経営課題を現場でたくさん見ることができました。でも、うちのような規模の会社で、こんな呑気なことを言える時代はもうとっくに終わっていたんだなと反省していますが」

藤堂はこだわる風でもなく、返した。「相変わらず辛辣な言い方だね。長門さんとは上手くいかなかったと聞いている」

「上手くいくとか、いかないとか、そういう問題ではないでしょう。首都圏開発営業部だけでなく、東洋の営業本部は今後大きく変わらねばなりません。リーダー自身が古い価値観や過去のヒエラルキーに安住し、変化の妨げになるようでは何も始まらない。言葉は過ぎるかもしれませんが、あの方は今の東洋テクノロジーに必要なリーダーだとは思えません」

藤堂は、しげしげと世良を眺め、「君は社長と同じことを言うね。社長も常々長門さんにそう言ってきた。だが、長門さんは何を言っても、頑としてそういった働きかけには応じなかったんだ。長門さんが役員に就任した頃はそうではなかったがね。今日、君に来てもらったのは他でもない」

世良は藤堂の言葉を遮って、「人事異動のお話なら藤堂取締役からではなく、直属上長の山野部長が私に伝えるべきではありませんか。この会社は、何事も順序を大切にするんでしたよね。他にご用がないのなら、失礼します」

そう言って腰を浮かしかけた世良にかまわず、藤堂は続けた。「長門さんは、次回の株主総会で退任する。盟友だった長門さんだけに退任を迫るわけにはいかないと言って、社長ご自身も退いて会長になられる予定だ」

世良はあっけにとられて、思わず席に座り直した。「そんな話を、この時期に私なんかにする意味があるんですか？」

「ああ、君に関係があるのでね。君は長門さんに随分嫌われたようだ。さかんに君がマネジメントできないから営業数値が上がらない、それが本部全体の足を引っ張っていると、営業本部の目標未達成の理由を言い立てている。だが、私が君の周囲から聞いた話では、長門さんが吹聴していることを鵜呑みにするのは問題だと感じている」

「そうですか。マネジメントができないというのは便利な言葉ですね」

「あの人が部下を酷評する際に使う常套句さ。だが、君と長門さんの間に起こったことは今さらなかったでは済まされない。本部会議で、長門さんを相手に大立ち回りしたと聞いているぞ」

「営業本部には外ではなく、内や上ばかり見る人が多いものですから。私の辛抱にも限界があるということです。最初は食ってかかったことを後悔しましたが、おかげで、その後は業務改善プロジェクトの活動をあからさまに邪魔されることはなくなりました。机を叩いてよかったと、今では思っています」

世良のその発言を、藤堂はあっさりと否定した。

「ああ、君が圧力を受けなくなったのは、君が机を叩いたのとは無関係だよ。長門さんは社長から紹介された再就職先のことで頭が一杯で、もう本部のことや君のことなどどうでもいいのさ。仙台に引っ越されるそうだから、その準備も大変なのだと聞いている。社内情報通の山野のほうは、社長交代以降のことが頭にあるから、君と敵対し続けることが得か損か量りかねているだけなのさ」

世良は、またもがっかりする話を聞いてしまったと思った。

長門専務のようにリーダーの資質をまったく備えないものが、なぜ専務などというポジションで人の上に立つことになるのか。また、山野のような、市場よりも社内の力学を重視する管理者が、なぜより多くの権限を得ることになるのか。会社が市場に適応できなくなる理由など、それこそ掃いて捨てるほどあるのだろうな、と世良は漠然と感じた。

「本題をおっしゃってください。私も暇ではないのです。新葉電器の役員から呼ばれていますので」

「ああ、桜井さんか。いずれ私にも会わせてくれ」

「なぜです？　企画本部のトップが顧客と会いたいなんて、どういう風の吹き回しですか？」

「おいおい、少し言葉が過ぎるのではないか。新社長として会いたいと言っているんだよ」と、藤堂はさらりと言ってのけた。虚を突かれた様子の世良を置き去りにして、藤堂は間髪を入れずに続ける。

「さて、本題だ。残念だが、君は4月から首都圏開発営業部から外れてもらう」

藤堂が新社長というのは驚きだったが、世良自身の人事異動に関しては、予測通りだ。残念ではあるが、今さら動じることは何もない。

だが、桐島や橘など、業務改善プロジェクトのメンバーの顔が頭に浮かんだ。また、安藤江梨花との約束を思い出し、気分が一気に落ち込んだ。

「次期社長ですか。それはおめでとうございます。それで、新社長はうるさい私を、どの部署に配置されたいのですか？　企画本部を追い出して、首都圏開発営業部に異動させたのも、ほかならぬ藤堂取締役だとお聞きしていますが――」

藤堂は世良の嫌味に反応するでもなく、これまたさらりと驚くべきことを言い出した。

「企画本部に戻り、経営企画部長となってもらう。そして、首都圏開発営業部で起こしたような変化を、全社を相手に起こせ」

新たなミッション

世良は絶句した。

「待ってください。首都圏開発営業部の取り組みは、まだ緒についたばかりです。リーダーとして無能な長門専務が去っても、ストッパーであるナンバー2の山野がその取り組みを進めさせるはずがありません。他所で同じことをしろとおっしゃるのなら、このまま続けさせていただけませんか？」

「おいおい、無能とは聞き捨てならんな。君のランクならもっと上と仲良くやるものだ。いずれ退任といっても、長門さんは株主総会まではいるんだよ。いくら東洋テクノロジーの仕事よりも転職先や引越しの準備に関心が移ったとはいえ、専務であることに変わりはない。君は4月から企画本部に戻るんだ。私が経営企画部長に君を据えようとしたら、長門さんから随分反対されたよ。彼としては、何としても、君に人事的なペナルティーを与えたかったのだろうな。君が正義の戦いを続けるのは自由だが、守るほうは苦労するのだ。たまには大人しく従ってくれ」

「――」

世良はとうてい納得いかなかった。なぜ、長門のようにわが身のことしか考えない自己中心的な者のために、東洋テクノロジーの将来にとって重要なビジョンの具体化を止めなければならないのか。藤堂は世良の無言の怒りを無視して続けた。

「それに、私は山野を営業本部長にするつもりなど毛頭ない。長門さんは山野を本部長に据えることに最後までこだわっていたが、社内や上司を見てしか仕事ができない管理者など、将来の東洋テクノロジーには不要だ。これからわが社の営業本部を大きく変えていくために、新本部長には企画本部時代に君の上司だった山崎くんにお願いしようと考えている。だから、交換条件として、君を営業本部から出せという点は長門さんに譲ったんだよ」

さらに、藤堂は「まぁ、君を経営企画部長に据えるということで、私の意思は伝わったと思うがね。口ではいろいろ先々を語るが、本気で東洋テクノロジーの将来を見据えてなんて感覚は、もともと長門さんにはない。君に対しても、何とか目に見える形で意趣返しをしたいという幼稚な感情論だけだろう」

3月末日まで後1週間ほどしかない。

メンバーにどう説明すべきか。世良は、役員室を重い足取りで退出していった。

東洋テクノロジーの希望

意外なことに、世良の異動をメンバーは好意的に受け取った。橘などは「僕たちのこれまでの取り組みを参考にして、ぜひ全社的な取り組みとして動かしてくださいよ」と、強気の発言をするほどだ。

桐島も、「部長がどこに異動されるのか心配でしたが、ホッとしました。しかも、一緒に進めさせていただいたこのような新しい取り組みを全社で進めていくなんて、やりがいがありますね。ぜひ、いずれ私も呼んでください」

世良は取り組みの半ばで職場を去ることへの申し訳なさが、少し減った気がした。

安藤江梨花もどこから聞いたのか、世良の異動先を聞きつけて、真顔で世良に詰め寄った。

「部長がした約束を覚えていますよね。私たちが取り組みを自由に進められるよう力を尽くすとおっしゃったでしょう」

「忘れていない。必ずそうなるよう力を尽くそう」

世良はそう答えつつ、この市場に揉まれる古い体質の東洋テクノロジーという会社にあっても、若い力が育っていることを改めて確認した。この部に着任できて良かった。世良はようやく実感することができた。

またあの風変わりな伊賀の力を借りる日は案外近いかもしれない。世良はそんな予感がしていた。

第12話　完

新任の営業部長である世良を中心とした首都圏開発営業部の営業変革の物語は、ここでいったん終了する。世良自身は最後まで営業変革を進めるといった感覚を持っていなかったものの、首都圏開発営業部という小さな組織で、従来の東洋テクノロジーの営業組織には見られなかった業務の流れや人の意識、行動の変化を起こした。これは、正真正銘の変革である。この後も、首都圏開発営業部は、自ら主体的に変化に対応していくであろう。

この変革の物語は、素人営業部長の世良の素朴な疑問と強烈な危機感、そしてその行動力がキッカケとなった。その後、東洋テクノロジーでは、まだその力量は未知数ながら最後の局面で現れた藤堂という変革のオーナーが、この小さな変革事例をテコに、新社長として新しい会社のあり方を模索していくことになる。

世良にもまた、藤堂と共に東洋テクノロジーという会社全体を変えるという大仕事が待っている。どうやら世良にとって本当に胃の痛い日々は、これから始まるのかもしれない。だが、そのお話はまた別の機会にしよう。

よくあるケースと対処方針

よくあるケース26

まず障害となる問題を解決してから変革に着手したい。

対象者　経営幹部

対処方針　変革にはある程度の障害はつきものである。まずは、スモールスタートによって変革に着手し、小さいテーマ、限られた範囲でも成功事例をつくり上げることを優先する。小さな成功がテコとなり、障害となっていた問題をスムーズに解消できる場合も多い。

前述の通り、変革が誰の目にも明らかな加速段階になると、それまで距離感を保ってきた中立派のメンバーの行動を大きく変える作用を生み出す。わかりやすく言えば、中立派から勝ち馬に乗ろうと、活動に参画するメンバーが一気に増加するのである。すると、きわめて短期間に、彼我《ひが》の状況は一変する。変革リーダーにとって、このタイミングが、残る阻害要因に対して効果的に対処するチャンスとなる。

東洋テクノロジーの場合、多分に偶然の影響もありつつも、これまで社長が何度働きかけても頑として変化を拒んできた長門や山野といった、新しい時代に相応しくないリーダーたちの影響力を減じることができたのも、この時期だった。

だが、変革に不慣れなリーダーは、期が熟すのを待てず、阻害要因の解消にこだわるあまり、変革を成就するまでに余計な時間を要したり、変革が骨抜きになるような妥協案を受け入れてしまうことが多い。

時間がないから全社一丸となってスピーディに変革を進めていく状況を実現したいというのは誰しも同じだが、それは経営幹部が持つ役職上の「権限」だけで実現できるものではない。だからこそ、遠回りに見えても変革をスモールスタートし、オーナーとして、その成功を支援して意図的に成果を創出する。そのうえで機が熟すのを待ち、反発する幹部やリーダーを含めたグループへの対処などを含めた阻害要因の解消に臨むのである。

そのような悠長なことはしていられないと考えるリーダーもいると思うが、スモールスタートによるアプローチは、最も早く安全に変革を成就させる手法といえる。

よくあるケース27

うちの会社には変革事例がないので、困る。他社の事例を紹介してほしい。

対象者 営業組織の責任者、経営幹部、将来リーダーを目指すフォロワー

対処方針 優れたリーダーを数多く輩出する組織や一体感をもって何事かを成し遂げた組織には、必ずといっていいほど小さい変革事例が存在する。そういった事例のノウハウを抽出し、活用できる組織が、自らの手で変革を起こせる組織になっていく。

とかく自社内の取り組みを過小評価する人が多いが、われわれコンサルタントが現場を調査してみると、プチ変革事例に出くわすことも少なくない。「これまでのサービスをチーム全員で見直し、顧客から評価された」「店舗の接客を改善してCSを高めた」といったどこにでもある事例も、その取り組みをよくよく分析すると、世良が牽引した変革事例に似た要素が抽出できる。

そういった小さな変革事例を集め、自社のノウハウとして活用していくことも、変革に向けた環境を整備することにつながる。

藤堂は、かつて自分の部下であった世良が現場の問題点を解決したいと上申を繰り返す

ことを疎んじ、人事異動という手段を用いて、彼を営業の最前線に送り込んだ張本人である。さらに、一時は長門に同調し、世良の行動が変わらないことを指して「世良は、まだわかっていないのか」と怒っていた。

だが、社長が会長に退くにあたり、経営陣の若返りも念頭に後任を藤堂に譲りたいと相談されたことをキッカケに、藤堂は経営者として相応しい視座を得た。藤堂はもともと企画本部の長として、東洋テクノロジーの置かれている状況を誰よりもよく知っている。そして、経営者として全社のありたい姿（ビジョン）を真剣に考えたとき、これまで自分が東洋テクノロジーの突然変異と異分子扱いしていた世良が、現場で悪戦苦闘しつつも変化を生み出していることにはじめて気づいた。

そこで世良の取り組みを事例化し、全社に展開する最も効果的な手法として、世良を経営企画部長として変革の推進役に据え、自らがオーナーとしてそれを支援する体制を考えた。その結果、今後、東洋テクノロジーは大きく変わっていくだろう。

悲しいことに、経営トップが現場で起こっている変革の芽に気づかないことも多い。こういった変革のオーナーが存在しない企業は、やはり中長期的に見て、市場の変化に取り残される傾向にある。

弊社が毎年実施する「人材育成の実態調査」によると、3〜5年後を見据えた人材育成の取り組みとして最も重視されるのは、例年のように経営幹部候補者の育成である。高い視座を持つ経営者候補を育てられていない状況が鮮明に浮き彫りになっている。

【著者紹介】
NTTラーニングシステムズ株式会社
マネジメントコンサルティングチーム

「変革スモールスターター」として、事業や業務、組織風土の変革を支援。これまでにお聞きした顧客の課題は3万件を超える。本書では、弊社が変革活動をご支援した複数の企業の取り組み事例を基に、実際の出来事や顧客のコメントを大切にしながら、わかりやすく変革の流れを紹介した。

《連絡先》
〒106-8566
東京都港区南麻布1-6-15 アーバンネット麻布ビル2F
E-mail　e-cube@nttls.co.jp
URL　http://www.nttls.co.jp/

壊れかけた営業現場を立て直せ！
──素人営業部長による営業変革物語

2017年10月17日 第1刷発行
◉著　者 NTTラーニングシステムズ株式会社
　マネジメントコンサルティングチーム
◉発行者 上坂 伸一
◉発行所 株式会社ファーストプレス
　〒105-0003　東京都港区西新橋1-2-9 日比谷セントラルビル14F
　電話 03-5532-5605（代表）
　http://www.firstpress.co.jp

装丁　遠藤陽一（デザインワークショップジン）
表紙イラスト　南部早紀
DTP　株式会社オーウィン
印刷・製本　高千穂印刷株式会社

ISBN 978-4-86648-002-2

Printed in Japan